Klaus Rainer Röhl · Linke Lebenslügen

Meinen Enkelkindern Isabelle, Julian und Simon

Klaus Rainer Röhl

Linke
Lebenslügen

Eine überfällige Abrechnung

Ullstein

Ullstein Report
Ullstein Buch Nr. 36634
im Verlag Ullstein GmbH,
Frankfurt/M – Berlin

Originalausgabe

Umschlagentwurf:
Hansbernd Lindemann
Herstellung: Dieter Funk
Gesamtherstellung:
Ebner Ulm
Printed in Germany 1994
ISBN 3 548 36634 1

Gedruckt auf alterungs-
beständigem Papier mit
chlorfrei gebleichtem Zellstoff

Die Deutsche Bibliothek –
CIP-Einheitsaufnahme

Röhl, Klaus Rainer:
Linke Lebenslügen : eine überfällige
Abrechnung / Klaus Rainer Röhl. –
Orig.-Ausg. – Frankfurt/M ; Berlin :
Ullstein, 1994
(Ullstein-Buch ; Nr. 36634 :
Ullstein-Report)
ISBN 3-548-36634-1
NE: GT

Inhalt

ERSTES KAPITEL

Zur Person

»Meine Entwicklung verlief nicht an einem Abend. Es dauerte lange und lief über mehrere Etappen, bis ich erkannte, daß für das ganze System des Kommunismus/Sozialismus (das heißt auch den utopischen Sozialismus, wie ihn etwa die ›Frankfurter Schule‹ vertritt) gilt: Das System macht keine Fehler – das System ist der Fehler.« So habe ich meinen politischen Weg in einem Fernsehinterview beschrieben.

Zu dieser ernüchternden Einsicht verhalf mir vor allem die Beobachtung und die Analyse der Achtundsechziger Revolte.

Ich war im Jahre 1967 bereits 38 Jahre alt, gehörte also, ebenso wie meine Ehefrau Ulrike Meinhof, nicht zu der Generation der Achtundsechziger – aber als Herausgeber von *Konkret* habe ich, wie niemand anders, die Studentenbewegung, die APO oder die Antiautoritäre Bewegung von 1967/68 in meiner Zeitschrift vorbereiten und verbreiten helfen. *Konkret*, mit einer Auflage von schließlich 160 000 – mit einer Mitleserschaft vom Faktor 4,5 – hatte maßgeblichen Anteil an der Propagierung, vor allem aber an der schnellen Ausbreitung der Bewegung bis in die entlegenste Provinz. Es gab lange Zeit keine andere Zeitschrift, die einen solchen massenhaften Einfluß auf die Schüler und Studenten hätte nehmen können, obwohl sehr schnell auch die linksliberalen Massenmedien (*Zeit, Spiegel, Stern*) aus Opportunismus oder einfach, um ihre Auflage zu steigern, bei der Verbreitung mithalfen. So wurde *Konkret*, das die Bewegung keineswegs hervorgerufen hatte (vielmehr davon überrascht wurde), fast selbstverständlich kurz nach Beginn dieser Revolte ihr Sprachrohr und blieb es auch bis zu ihrem Ende, das ab etwa 1970 (Baaderbefreiung) anzusetzen ist.

Als Ehemann von Ulrike Röhl, geb. Meinhof, war ich zumindest mit beteiligt an der von *Konkret* ab 1967 vorangetriebenen »Gewaltdiskussion« (Legitimität einer »Gegengewalt« gegen das seit dem 14. Jahrhundert bestehende »Gewaltmonopol« des Staates), die von der Bejahung der Gewalt gegen Sachen schließlich zur Bejahung des politischen Mordes und zur Gründung der sogenannten Roten Armee Fraktion führte. Eine ganz ähnliche Rolle spielte die Zeitschrift eine Zeitlang durch eine unseriöse und verantwortungslose Verharmlosung des Drogenkonsums als Mittel einer angeblichen Befreiung des Individuums. Diese Tendenzen in der Redaktion wurden zwar nicht von mir getragen, aber ihr Druck auch nicht verhindert, was nicht nur aus heutiger Sicht geboten scheint.

Als Herausgeber von *Konkret* – obwohl bereits stark unter dem Druck und dem Versuch massiver Einflußnahme durch sogenannte Redaktionskollektive – unternahm ich zunächst den Versuch, eine große Kampagne gegen den Drogenkonsum zu führen, gipfelnd in einem von mir einberufenen ersten bundesweiten Anti-Drogenkongreß »Sucht ist Flucht«. Während die Anti-Drogen-Kampagne tatsächlich zu einer Ächtung des Drogenkonsums unter den Linken führte, die bis in die militanten K-Gruppen ausstrahlte, war der einmal eingeschlagene Weg der Verharmlosung von Einstiegsdrogen (Haschisch und LSD) in der Gesamtgesellschaft nicht mehr aufzuhalten, wobei sich von den linksliberalen Medien besonders die *Zeit* und deren Chefredakteur, Müller-Marien, sowie der *Spiegel*-Herausgeber Rudolf Augstein besonders hervortaten. Zeit, über die Rolle der linksliberalen Presse bei der Zerstörung der Gesellschaft nachzudenken.

Als Herausgeber von *Konkret* führte ich, buchstäblich vom ersten Augenblick der Baaderbefreiung im Mai 1970 an, einen erbitterten Kampf gegen den Terrorismus und versuchte, nicht nur die Mitglieder der RAF und meine Frau zur Umkehr zu bewegen (Aktion »Gib auf, Ulrike!«), sondern vor allem auch die Sympathisanten zu demotivieren – ein besonders unpopuläres Unterfangen, reichten doch die Sympathisanten-Kreise vom *Spiegel*-Herausgeber über führende Rundfunkredakteure bis zu Heinrich Böll. Im Gegensatz zu der Drogeninitiative war der Antiterrorkampagne »Genossen, wir haben Fehler gemacht!« kein Erfolg beschieden. Sie führte sogar zu einer Spaltung der Redaktion und der Leserschaft und zu einer Isolierung des Herausgebers, der mit Recht als der Urheber der Antiterrorartikel mangelnder »Solidarität« mit den Häftlingen der RAF beschuldigt wurde. Eine gute Gelegenheit, über den verhängnisvollen Weg von der Gewalt gegen Sachen bis zum willkürlich motivierten Mord nachzudenken (»Auf Bullen kann geschossen werden«) und zu lernen, was »linke Solidarität« ist: ein Corpsgeist, der, ähnlich wie bei der Mafia, auch Mörder einschließt.

Wegen Differenzen mit einer Gruppe redaktionsfremder Mitarbeiter, die sich in erster Linie an der sogenannten Gewaltdiskussion entzündeten und die von meiner nunmehr geschiedenen Frau Ulrike Meinhof angeführt wurden, wurde ein gewaltsamer Sturm auf die Redaktion und schließlich mein Wohnhaus unternommen, wobei Mobiliar zerstört und Haus und Einrichtung demonstrativ besudelt wurden. Es war dies die erste Aktion einer Gewalt gegen Sachen, die nicht vor der Privatsphäre des Angegriffenen haltmachte, und insofern eine neue Qualität des Terrors. Die Teilnehmer wurden übrigens von der

Berliner *Spiegel*-Redaktion bezahlt, wie später von einem in dieser Hinsicht unverdächtigen Rechercheur wie Günther Wallraff festgestellt wurde. Diese Aktion erwies sich jedoch als ein Schlag ins Wasser und wurde damals auch von den sogenannten linken Autoritäten (SDS-Führer) abgelehnt. Eine Gelegenheit, über Gewalt gegen Personen und nochmals über die Rolle der linksliberalen Presse nachzudenken.

Als Initiator der Initiative »Gib auf Ulrike!« wurde ich nach Erscheinen dieses Artikels von einer etwa fünfzig Personen zählenden Gruppe nachts in meinem Haus überfallen. Die Telefonleitungen wurden zerschnitten, die Ausgänge und Fenster besetzt, um jede Flucht zu verhindern. Dann wurde eine Art Tribunal über mich gehalten, das unter wüsten Beschimpfungen und Drohungen in der Aufforderung gipfelte, den Artikel öffentlich zurückzuziehen. Ich widerrief nicht, und die Gruppe, übrigens die erste Vorläuferin der heutigen Autonomen, zog schließlich in der Nacht wieder ab. Eine vorzügliche Gelegenheit, über die Gewalt gegen Personen und ihre ideologische Rechtfertigung nachzudenken.

Als Vater von siebenjährigen Zwillingstöchtern aus der Ehe mit Ulrike Meinhof mußte ich miterleben, wie diese in rasch wechselnden Wohngemeinschaften »sozialisiert« wurden und unter dem Vorwand der sogenannten antiautoritären Kindererziehung dilettantischen und unverantwortlichen Menschenexperimenten ausgesetzt waren. Experimente für eine radikale Veränderung des Menschen. Die Spätschäden haben viele der damaligen »Versuchspersonen« heute noch nicht überwunden. Eine vorzügliche Gelegenheit, über das »Herumfummeln am Sozialisationsprozeß« nachzudenken.

Während meine Frau nach der Baaderbefreiung in den Untergrund abtauchte, wurden die Kinder über die grüne

Grenze in ein Obdachlosenlager in einem kaum zugänglichen Teil Siziliens verschleppt und unter Aufsicht drogenkonsumierender »Dropouts« vollständig von der Außenwelt isoliert und über den Aufenthalt ihrer Eltern im unklaren gelassen. Doch auch dieses Lager war nur als Zwischenstation gedacht, denn die Kinder sollten nach dem Willen der RAF-Funktionäre Baader und Ensslin, die der Ansicht waren, daß »Kinder beim bewaffneten Kampf ein Hindernis« darstellen und man sich »ganz von ihnen lösen müsse« (Gudrun Ensslin), für immer von ihren Eltern getrennt werden und in einem Waisenlager radikaler Palästinenser aufwachsen. Dieses wurde durch die mutige Einzelaktion eines meiner früheren Redakteure, Stefan Aust, verhindert, der die Kinder auf abenteuerliche Weise aus den Händen ihrer Entführer befreite und sie ihrem Vater wieder zuführte.

Über ein Jahr lang wurde unser Haus von Beamten der Sicherungsgruppe Bonn und der Polizei bewacht und die Kinder auf dem Schulweg begleitet und gesichert, weil die – auch angedrohte – Gefahr einer abermaligen Entführung durch die RAF bestand. Eine ausgezeichnete Gelegenheit, über den individuellen Terror und das »Herumfummeln am Gewaltprivileg« nachzudenken.

Die Entwicklung, die 1967 begann, kam nicht von ungefähr. Alles hatte schon lange vor unserer Zeit angefangen. In den zwanziger Jahren dieses Jahrhunderts. Damals wurde ein Propagandaschlagwort geboren, das den Kommunisten helfen sollte, aus ihrer hoffnungslosen politischen Isolierung herauszukommen: »Antifaschismus«. Dieser Agitationsbegriff wurde zur Grundlage einer der zählebigsten Lebenslügen unseres Jahrhunderts.

ZWEITES KAPITEL

Lebenslüge Antifaschismus

Es stand in einer seriösen süddeutschen Zeitung: »Landtagsabgeordneter der ›Grünen‹, Vertreter von Gewerkschaften und antifaschistischen Organisationen haben ... gegen Generalbundesanwalt Alexander von Stahl Dienstaufsichtsbeschwerde erhoben«. Aja, sagten wir uns – sollten wir uns wohl auch sagen – in Düsseldorf gibt es jetzt »antifaschistische Organisationen«, sogar mehrere. Mehr erfuhr man nicht aus der Zeitung, die nur einfach den Wortlaut einer Nachrichtenagentur (Reuter) übernommen hatte. Die aber hatte den Text auch nur so in den Tikker gegeben, wie er ihr von den Grünen durchgefaxt wurde. Antifaschistische Organisationen und basta. Muß eine gute Sache sein, sagten sich die Leser, es gibt also in Nordrhein-Westfalen nicht nur Jugendliche, die Ausländerheime anzünden, sondern zum Glück auch »antifaschistische Organisationen«. Wahrscheinlich unternehmen die was gegen die Ausländerfeindlichkeit, friedlich natürlich, mit Lichterketten oder Mahnwachen, gegen die Neonazis, die die betrunkenen Jugendlichen angestiftet haben müssen oder jedenfalls im Umfeld tätig waren. Deshalb die antifaschistischen Organisationen. Plötzlich sind sie da, aber kein Wort mehr. Vielleicht hätte es ja interessiert, wie diese Organisationen heißen, wie viele Mitglieder sie haben, was die so machen, wenn sie gerade nicht eine Dienstaufsichtsbeschwerde erheben. Waren es viele? Warum keine Namen und Anschriften? Etwa weil zwei der Gruppen der kurdischen PKK nahestehen (die politische Morde – an »Faschisten« versteht sich – keineswegs verschmäht), weil andere nur locker organisierte, aber stadtbekannte Autonome sind, auf deren Konto zahlreiche Gewalttaten gehen und die sich Antifa-Gruppen nennen? Weil eine dritte Gruppe schlicht ein Unterstützerkreis der RAF ist, der »für die Zusammenlegung der politischen (antifaschistischen) Gefangenen« kämpft? Vielleicht gehört auch noch eine Gruppe von ehemaligen DKP- und jetzigen Mitgliedern der PDS dazu, die gleich nach der Wende zu einer »breiten antifaschistischen Abwehrfront« – unter Führung der PDS versteht sich – aufgerufen hatte, nachdem das sowjetische Ehrenmal in Berlin-Treptow, unter bis heute nicht geklärten Umständen, angeblich von Neonazis beschmiert worden war. Das war im Januar 1990.

Erst zwei Monate zuvor war jene in der Welt einmalige Monstrosität geschleift worden, die Walter Ulbricht bekanntlich den »antifaschistischen Schutzwall« genannt hatte, ein Ausdruck, den selbst in der DDR am Ende nur noch die Kabaretts verwendeten, dessen realsozialistischer Gegenstand aber für eine ganze Generation von Deutschen gleichbedeutend mit der Zerstörung eines menschenwürdigen Lebens gewesen war.

Trotz dieser schier irreparablen Diskreditierung des alten kommunistischen Schlagworts »Antifaschismus« durch die Berliner Mauer erwies sich der Propagandabegriff immer noch als außerordentlich brauchbar für die Nachfolger der SED, ja, ein kommunistischer Historiker verstieg sich noch 1990 zur der Forderung, Antifaschismus müsse der Grundkonsens sein, »dem sich alle deutschen Parteien und politischen Bewegungen verpflichtet fühlen sollten«. In der Tat ist die alte kommunistische Mogelpackung einer »antifaschistischen Einheitsfront« nahezu das einzige Feld, auf dem die diskreditierte Nachfolgepartei der SED, nachdem die Felder Soziales und Ökologie glaubwürdiger von anderen Parteien besetzt sind, im Westen des Landes eine geringe Chance hätte, aus der hoffnungslosen Isolierung einer Drei-Prozent-Partei herauszukommen und wenigstens einen Prestigeerfolg zu erzielen.

Bestimmte aktuelle Ereignisse wie die häufigen Anschläge auf Ausländerunterkünfte kommen dieser altkommunistischen Propaganda außerordentlich gelegen. Man muß einmal genau hinsehen, wenn Gysi nach jedem neuen Brandanschlag vor den Fernsehkameras mit ernstem Gesichtsausdruck einem Millionenpublikum die Gefahr eines drohenden »Faschismus« für Deutschland und die Welt verkündet. Der agile Werberedner einer schlechten Sache schwillt dann zu geradezu staatsmännischer Statur auf. Verantwortungsträger Gysi. Die Lage war noch nie so ernst. Ist es allzu abenteuerlich, wenn einige auf den Gedanken kommen, daß die unerklärliche und nie aufzuklärende Häufung solcher scheinbar spontaner Straftaten von den noch intakten Kadern eben jener »Firma« inspiriert sein könnte, die auch 1966/67, wie erst sehr viel später enthüllt wurde, die Hand im Spiel hatte bei einer rätselhaften Häufung von Grabschändungen jüdischer Friedhöfe in der Bundesrepublik? Mit Recht wies Peter Schneider schon 1990 darauf hin, daß die jungen Neonazis in der DDR selber aus alten kommunistischen Familien kommen oder oft höhere FDJ-Funktionäre waren. Warum sollte es keine MfS-Kader geben, die Einfluß auf psychisch labile, verwahrloste und ohnehin gewaltbereite Jugendliche ausüben? Cui bono Rostock, Hoyerswerda und Solingen?

Die Erben des Stalinismus als Vorkämpfer für Humanität und Menschenrechte? Mit Gysi gegen den Faschismus? Die Frage wird kaum diskutiert. Denn beim Stichwort »Antifaschismus« rastet der gesunde Menschenverstand bei geschlossenen Gruppen deutscher Meinungsbildner, Politiker, Buchautoren, Publizisten, Politiker und Fernsehjournalisten glatt aus. Ursache dafür ist eine geradezu abenteuerliche Affinität deutscher Intellektueller für bestimmte Seiten kommunistischer Propaganda, die eine lange, bis in die zwanziger Jahre zurückgehende Tradition hat. Gerade diejenigen, die sich darauf zugute hielten, zu den redlichsten, scharfsinnigsten, unbestechlichsten Kritikern von Staat und Gesellschaft in der ersten deutschen Republik zu gehören, blendeten häufig ihren Verstand aus, wenn sie die Kommunisten ihnen gegenüber als die Opfer von Verfolgung und Unterdrückung darstellen konnten. Sie ergriffen Partei für eine Sache, von der schon seit 1918 bekannt war, daß sie ihre Herrschaft in Rußland ausschließlich besonders brutaler und konsequenter Unterdrückung politischer Gegner zu verdanken hatte, getreu dem Wort Lenins an die Tscheka: »Rücksichtslosigkeit ist unsere Pflicht. Innerhalb dieser Pflicht ist Grausamkeit das höchste Verdienst«.

Das hinderte deutsche Publizisten und Schriftsteller nicht an einer geradezu blinden, romantischen Parteinahme für das russische Experiment, die Natur des Menschen gewaltsam zu verändern. Kurt Tucholsky, der als Mitarbeiter der »Weltbühne« durchaus über Informationen, sogar über Hintergrundinformationen aus der damaligen Sowjetunion verfügen konnte, schrieb 1930, typisch für viele der damaligen Intellektuellen, über das bolschewistische Rußland: »...Ja ik weeß, da is nicht allet sonderlich. Doch det Land is, nehm se's mir nich übel, eene Hoffnung.« Damals hatte die schleichende Ausrottung von zehn Millionen russischen Bauern, Kulaken genannt, gerade begonnen, aber Tucholsky hatte dafür nur einen Kalauer übrig: »Alle Kinder in Rußland sind verhungert, der Rest wurde in Uniformen eingekleidet und muß Militärdienst tun. Kulak, der Führer der aufständischen Kulaken, hat mit Bolschew ein Bündnis geschlossen ...« parodierte er die Berichterstattung der deutschen Presse, doch auf die Frage der »Moskauer Rundschau«, wie er sich im Falle eines Krieges gegen die UdSSR verhalten würde, antwortete er unumwunden: »Für Rußland gegen jene Mächte, auch dann, wenn es sich um Deutschland handelt.«

Mit dieser Parteinahme ist Tucholsky kein Einzelfall. »Det Land is ... eene Hoffnung«. Als scheinbar realer Hoffnungsträger für alle linken Utopien wurde es mit einem Vertrauensvorschuß bedacht, an dem weder Lenins Zarenmord, die blutige Ausschaltung aller politischen Gegner mit einem neuartigen flächendeckenden System von Konzentrationslagern noch der millionenfache Mord an den Kulaken etwas ändern konnte. Scharenweise rekrutierten die Kommunisten unter den Intellektuellen des Westens diejenigen, die Lenin einmal »nützliche Idioten« genannt hatte: Intellektuelle, die keine Kommunisten sind, aber in bestimmten Fragen ein Bündnis mit ihnen eingehen.

Solche Bündnisse hatten die Kommunisten auch dringend nötig. Für die Partei der Bolschewiki, zu deren Geburtsfehler es gehörte, eine Politik zu verfolgen, die unter demokratischen Verhältnissen nie mehrheitsfähig war, wurde die Infiltration und Manipulation anderer Parteien, Räte, Gewerkschaften und anderer Organisationen ein elementares Instrument ihrer Politik.

1918 scheitert in Deutschland der kommunistische Versuch, die Masse der Sozialdemokraten und Gewerkschaftler zu mobilisieren, um über eine Räteregierung oder direkt über einen Aufstand zur Macht zu gelangen. 1921 und 1923 gibt es noch zwei blutige gescheiterte Aufstandsversuche. Seitdem versucht die KPD, die Macht auf

Umwegen zu erreichen. Allerhand Unterorganisationen, Komitees, Ausschüsse, die Aktionen und Kongresse veranstalten, sollen die Partei in die Lage versetzen, potentielle Mitkämpfer zu gewinnen. Hauptobjekt dieser Infiltrations- und Bündnisversuche sind die Sozialdemokratie und die Gewerkschaften, die sich jedoch als außerordentlich immun gegen kommunistische Annäherungs- und Infiltrationsversuche erweisen.

Ab 1928 mehren sich die Anzeichen einer weltweiten Wirtschaftskrise. Gleichzeitig tritt mit den Nationalsozialisten eine Partei auf den Plan, die als einflußlose Splitterpartei von den kommunistischen Taktikern bisher kaum beachtet worden war: Aus nur 14 Mandaten 1926 werden nun plötzlich 85. Der »Antifaschismus« wird zu einem neuen Feld kommunistischer Bündnispolitik.

Der Begriff ist in Italien entstanden. Gegen die Faschisten (ursprünglich Kampfbünde aus Kriegsteilnehmern: Fasci di combattimento) bildet sich unter kommunistischer Initiative ein »antifaschistisches« Bündnis, die »Alleanza del Lavoro« (1922), in der auch Sozialisten und Popolari (in gewisser Hinsicht Vorläufer der Christdemokraten) mitarbeiten. Die »Alleanza« rief im Juli 1922 gegen die zunehmenden Gewalttaten der Schwarzhemden zu einem Generalstreik auf, forderte eine »antifaschistische Regierung«, konnte aber den Sieg Mussolinis im Oktober nicht verhindern. Fortan wirkten »antifaschistische« Gruppen unterschiedlicher politischer Couleur im Ausland weiter, vor allem in Paris. Im Juni 1929 soll nach dem Willen der von Stalin beherrschten Kominternzentrale in Moskau der »Antifaschismus« zu einer Waffe werden, um den Kommunisten zu größeren Erfolgen zu verhelfen. Doch sind es gar nicht so sehr Nationalsozialisten und Faschisten, gegen die sich der »Antifaschismus« richtet. Während der Weltwirtschaftskrise, so erklärt die

Komintern, mache die ganze kapitalistische Welt eine Phase der »Faschisierung« durch, der sich auch die Sozialdemokraten nicht entziehen könnten, ja diese seien sogar als Hauptfeinde des »revolutionären Proletariats« anzusehen, weil sie unter der Maske des Sozialismus aufträten, also gefährlicher seien als der »offene Faschismus«. Der scheinbare Irrwitz dieser These, die nun von den deutschen Kommunisten kritiklos in die Tagespolitik umgesetzt wurde, hatte einen simplen, realpolitischen Kern: Natürlich waren die Sozialdemokraten keine Faschisten, aber zweifellos waren sie das größte Hindernis auf dem Weg der Kommunisten zur Alleinherrschaft. So ging es der Moskauer Führung gar nicht um das Verhindern der Machtergreifung Hitlers (den sie, wie man heute einhellig glaubt, unterschätzten oder für ein vorübergehendes Phänomen hielten), sondern um das Zerstören der Sozialdemokratie. Deren Ausschaltung, das lehrten angeblich die russischen Erfahrungen, sei die unerläßliche Voraussetzung für einen Sieg des Kommunismus.

Die Kommunistische Partei und ihre vielen kleinen Funktionäre hatten nun die schier aussichtslose Aufgabe, die Sozialdemokraten und Gewerkschaftler in Stadt und Land davon zu überzeugen, daß es notwendig sei, zusammen mit den Kommunisten eine »antifaschistische Einheitsfront« zu bilden – gegen den Willen ihrer eigenen sozialdemokratischen Führer, der »Sozialfaschisten«. Feierlich berief man antifaschistische Kongresse ein, gründete »antifaschistische« Komitees, Kampfausschüsse, Selbstschutzstaffeln, eine »antifaschistische Junge Garde«, veranstaltete Kampfwochen, Aktionen, Aufgebote, Gelöbnisse, sogar einen »antifaschistischen« Landsonntag.

Aber die Quadratur des Kreises, der Gedanke, daß man

die Sozialdemokratie mit der gleichen Schärfe bekämpfen müsse wie die verhaßten Nazis, fand wenig Verständnis bei den sozialdemokratischen Arbeitern. Die Kommunisten in der »Antifaschistischen Aktion«, die 1932 ins Leben gerufen wurde, blieben im wesentlichen unter sich, und am Vorabend von Hitlers Machtergreifung organisierten in Berlin als »antifaschistische Einheitsausschüsse« gegründete Komitees sogar den berüchtigten Verkehrsarbeiterstreik, gemeinsam mit den Nationalsozialisten! Ein solches Vorgehen muße die sozialdemokratischen Arbeiter endgültig abstoßen und die Chancen für ein gemeinsames Vorgehen gegen Hitler schmälern.

Nur die Intellektuellen, allen voran die »Weltbühne«, wurden nicht müde, die SPD in immer neuen Aufrufen zu einem gemeinsamen Vorgehen mit der KPD zu ermuntern. Dabei sprachen sie zwar oft warnend von der Gefahr des »Faschismus«, verniedlichten ihn aber zugleich durch eine bloß geschmäcklerische Verachtung für die braunen Unternehmerknechte, von denen die meisten annahmen, daß sie sich wegen ihrer vermuteten Inkompetenz in Wirtschaftsfragen keine drei Monate an der Macht würden halten können. Ein Irrtum, den die Intellektuellen allerdings mit den Führern fast aller Parteien teilten. Fast alle Intellektuelle waren Antifaschisten, aber der Antifaschismus der meisten Schriftsteller war genauso naiv wie ihr Pro-Bolschewismus.

Beide Einstellungen hatten sich schon sehr früh ausgebildet. Hier wie dort waren es mehr oder weniger romantische oder ästhetische Gesichtspunkte, nach denen die Parteinahme erfolgte. Die Gegnerschaft gegen Marschmusik und Uniformen, preußischen Kommiß und Polizeistiefel, bürgerliches Ambiente und völkische Großmannssucht, gegen Nietzsche-Kult und Wagner-

Opern hatte schon Vorkriegstradition. Hitler war in den Augen der meisten Intellektuellen in erster Linie ein kleiner Popel, eine Promenadenmischung (Tucholsky), und das schlimmste Schimpfwort, das Brecht jahrelang für ihn finden konnte, war »Anstreicher«. Als heiserer Schreihals, der von der Großindustrie Geld bekommt, stellten ihn die Fotomontagen John Heartfields 1932 eher lächerlich als tödlich dar, als einen Gernegroß, über den sich die Kabaretts der Hauptstadt lustig machten.

Ganz anders die Sowjetunion. Gedichte von Majakowski, Musik von Schostakowitsch, das Moskauer Liebermann-Ensemble, der russische Futurismus und das sowjetische Tanztheater, allem voran aber die Filme von Eisenstein und Pudowkin sowie der bis in die Bekleidungsmode populäre Proletkult trugen viel zur Herstellung eines positiven Bildes vom »neuen sowjetischen Menschen« bei. Diesen glaubten die nach Rußland reisenden Schriftsteller dann in der Wirklichkeit der potemkinschen Landschaften, durch die ihre sowjetischen Reisebegleiter sie führten, wiederzuentdecken. So erkannte der Weltbühnenautor Axel Eggebrecht in den russischen Mädchen mit ihren schlichten Sporttrikots entzückt das Gegenbild zum gekünstelten und dekadenten amerikanischen »Girl«. Was scherte es die begeisterungswilligen westlichen Schriftsteller, daß Majakowski längst in den Selbstmord getrieben worden war, die Futuristen verboten, Tretjakow abgesetzt, Schostakowitsch barbarisch zensiert (von einem Kultusminister wie Schdanow, dem das Wort zugeschrieben wird »Musik ist, was ich nachsingen kann«) und Eisenstein und Pudowkin Produktionsverbot hatten? Hier beginnt das staunenswerte Phänomen einer einmalig selektiven Wahrnehmung. Was man in der »Weltbühne« pausenlos der deutschen Justiz vorwarf, daß sie nämlich auf dem rechten Auge blind sei, galt für die eigenen Leute: sie hatten die Sehstörung auf dem linken Auge.

Das einmal geprägte positive Rußlandbild wollte man auch dann nicht preisgeben, als die Berichte über die Ermordung von Millionen russischen Bauern, über Massenverhaftungen und Schauprozesse unüberhörbar geworden waren. Die Front der nützlichen Idioten wankte und wich nicht. Die Kunst des Selbstbetrugs blühte. Schieden einmal einzelne wie André Gide, Arthur Koestler und Ignazio Silone aus dieser Gruppe aus, so traten andere, jüngere an ihre Stelle und verkündeten ihrem Publikum erneut die Botschaft vom neuen, besseren sowjetischen Menschen. Und vom Antifaschismus. Zwar brauchte die Komintern nach Hitlers Machtantritt noch mehr als zwei Jahre, um endlich auf dem 7. Kongreß der Komintern im Mai 1935 die unselige These vom Sozialfaschismus über Bord zu werfen und den Sozialdemokraten Bündnisse anzubieten. Tatsächlich kam es zu Volksfrontregierungen in Frankreich und Spanien, von denen die letztere den spanischen Bürgerkrieg auslöste und – durch das Engagement deutscher und italienischer Freiwilliger auf beiden Seiten (Legion Condor, Thälmann-Kolonne) – den Bestand an Märtyrern und Romantik, Liedern und Legenden gewaltig anschwellen ließ.

Die Zahl der »nützlichen Idioten« wuchs danach enorm an, teils auch als Reaktion auf den nun offenkundigen Antisemitismus in Hitlerdeutschland. Schriftsteller und Künstler pilgerten nach Moskau oder traten in großer Anzahl auf dem »antifaschistischen Kongreß« in Paris auf, so Heinrich Mann, Henri Barbusse, Ernst Bloch, Lion Feuchtwanger, Ernst Fischer, G. B. Shaw und Romain Rolland, und es überrascht nach dem eben Gehörten schon nicht mehr, daß sie sich durch die im gleichen Jahr beginnenden, in der Geschichte der Zivilisation singulären Moskauer Schauprozesse in keiner Weise von ihrer Wertschätzung der Sowjetunion abhalten ließen. Je schärfer die Anklagen gegen Mord, Folter und Unterdrückung in Hitlerdeutschland vorgetragen wurden, desto angestrengter mußten die Augen zugekniffen werden, um Mord, Folter und Unterdrückung in der Sowjetunion zu ignorieren. Schließlich war diese Vortrupp und zuverlässigster Stützpunkt des Antifaschismus.

Auch in Spanien war es ja keineswegs so schön heroisch zugegangen wie in Ernst Buschs wundervoll schmetternden Liedern, weil in der Realität der Thälmann-Kolonne wenig gesungen wurde, dafür aber durch den sowjetischen Geheimdienst still und unauffällig unzuverlässige Genossen liquidiert oder verschleppt wurden, unter bereitwilliger Mithilfe des Politkommissars Walter Ulbricht. Da wurde auch der Erfinder oder Wiederentdecker des einprägsamen, oft befolgten Spruchs »schlagt die Faschisten, wo ihr sie trefft« Heinz Neumann aus Spanien abberufen und wenig später in Moskau »liquidiert«.

Doch der sich auf wundersame Weise immer wieder regenerierenden Gruppe der Antifaschisten und Freunde der Sowjetunion wurde noch mehr zugemutet: Es spricht für ihre geradezu unbeirrte Vorliebe für Stalin und das Reich der Schauprozesse, des Hotels Lux und des Archipel GULAG, daß sie von ihrer Treue auch dann nicht abließen, als Stalin es für nötig befand, für einige Jahre ganz aus der antifaschistischen Einheitsfront auszusteigen und mit Hitler einen für beide Seiten lukrativen Nichtangriffspakt zu schließen. Das war nun wirklich starker Tobak, aber die meisten hielten auch das durch. Nun war es für zwei Jahre nationalsozialistischen Schriftstellern, Journalisten und Wochenschareportern überlassen, den sportlich-schönen, weniger verpimpelten neuen Sowjetmenschen zu entdecken und ihrem Publikum anzupreisen.

Dann folgte der Angriff Hitlers gegen die Sowjetunion. Nun kam das große Bündnis der westlichen Demokratien mit den Kommunisten zustande, die Anti-Hitler-Koalition, die Stalin noch 1939 abgelehnt hatte. Die sowjetische Propaganda, die eben noch die »westlichen Imperialisten« und »Kriegstreiber« angegriffen hatte, erklärte die Alliierten nun zu Verbündeten einer »antifaschistisch-demokratischen Einheitsfront«.

Nach dem Ende des Krieges begann die Sowjetunion sogleich, den ihr in Jalta zugesprochenen Teil Europas in kommunistische Satellitenstaaten umzuwandeln. Im ersten Stadium dieser Gleichschaltung wurden sogenannte »antifaschistisch-demokratische« Koalitionsregierungen gebildet, was den Völkern Osteuropas und vor allem den Westmächten suggerieren sollte, hier seien ähnliche Bündnisse zwischen Demokraten und Kommunisten möglich wie im Krieg gegen Hitler. Als der Westen das durchschaute, war es bereits zu spät. Mit »antifaschistischer« Begründung wurden zuerst Land und Fabriken enteignet, später alle politischen Gegner, vor allen Dingen Sozialdemokraten, als »faschistisch« entlarvt und ausgeschaltet, oft auch physisch. Später bildeten sie sogenannte Regierungen der Nationalen Front, in denen die Kommunisten praktisch die alleinige Macht besaßen. Von einigen örtlichen Besonderheiten abgesehen, blieb dieser Zustand bis zum unerwarteten Ende des Kommunismus bestehen.

Auch in der DDR, wo der »Antifaschismus« eine ganz besondere Rolle als Herrschaftsinstrument spielte, besonders zur Disziplinierung von aufmüpfigen Schriftstellern, die sich bei aller Kritik am Regime immer den antifaschistischen Traditionen ihrer Zunft verpflichtet fühlten und darin von ihren älteren, aus der Emigration zurückgekehrten Kollegen bestärkt wurden. Selbst wenn diese heftigen Angriffen durch Ulbricht und seine Nachfolger ausgesetzt waren, so blieb ein nie näher definierter »Antifaschismus« doch die Basis ihrer Loyalität zum »ersten deutschen Arbeiter- und Bauernstaat«. Dieser wurde der Bundesrepublik gegenübergestellt, von der sie mit zunehmend weniger überzeugenden Gründen behaupteten, daß in ihr die »alten Nazis« schon wieder an der Macht seien. Dagegen riefen sie »antifaschistische« Kräfte in der Bundesrepublik zum Kampf auf. Doch fanden diese Rufe aus der stacheldrahtumzäunten, wenig attraktiven DDR nur bei einer Minderheit Gehör.

Erst nach dem Ende des Kalten Krieges und im Zeichen der APO-Bewegung wurden diese Signale von einer neuen Generation von Jugendlichen und Studenten aufgenommen. Die sich revolutionär fühlenden Studenten hatten schon nach 1968 neben dem ziemlich abstrakten Staat und dem Kapitalismus als höchst anschauliches Feindbild ihre eigenen Eltern als autoritäre Faschisten oder zumindest »faschistoide Typen« entdeckt. Die sich rasch wiederbelebende Proletkult-Romantik der vorwiegend großbürgerlichen Jugend war »antifaschistisch« und wurde durch eine Flut von alter und neuer »antifaschistischer« Literatur darin bestätigt. Als Teilnehmer oder gar Organisatoren von Lichterketten gegen Brandbomben auf Asylantenunterkünfte und Ausländerfeindlichkeit mögen sie heute ihre alten Vorstellungen vom Antifaschismus wenigstens ansatzweise verwirklicht sehen.

Nur eine verschwindend geringe Minderheit nahm den Antifaschismus und Antiimperialismus für bare Münze, die Terroristen der »Rote Armee Fraktion«, die »Revolutionären Zellen« und die »Autonomen«. Sie

24

allein handeln konsequent – im luft- und realitätsleeren Raum ihrer Phantomwelt. Wenn die Bundesrepublik tatsächlich faschistisch ist, ein Zentrum des Imperialismus, der die ganze Welt aus reiner Profitgier in Kriege und Hungerkatastrophen stürzt, dann ist es auch konsequent, sie mit den Mitteln des Guerillakriegs anzugreifen, politischen Mord inklusive. Auf den Typ in Uniform darf geschossen werden.

Genau das dachte wohl auch der 22jährige Erich Mielke, als er 1932, zusammen mit einigen anderen KPD-Genossen, die Berliner Polizeioffiziere Lenk und Anlauf durch gezielte Pistolenschüsse umbrachte – verhaßte Vertreter des »Sozialfaschismus«. Lange hatte niemand es wahrhaben wollen, aber am Ende konnte es eigentlich keinen überraschen, daß eben jener Mielke später den Kämpfern der RAF er nicht nur Unterschlupf, sondern auch Logistik und Waffenhilfe gewährt hatte. Proletarische Solidarität.

»Was man auch immer gegen die DDR sagen kann, aber antifaschistisch war sie!« Mit dieser Lebenslüge im Herzen sind viele »gute« Genossen hier wie drüben alt geworden und gestorben. Andere werden, bis ans Ende unbelehrbar, diese Lebenslüge mit ins Grab nehmen, mit ihr die vielen Legenden, die Lieder – und die Lügen. Vom spanischen Heldenkampf, von der großen Sowjetunion, vom antifaschistischen Widerstand.

Das wird zum Glück nur ein kleiner, harter Kern sein, und die große Gruppe der schreibenden und denkenden Leute wird sich vielleicht nicht noch einmal unter der stalinistischen Kampflosung in die Einheitsfront der nützlichen Idioten einreihen lassen wollen.

Vielleicht sollten wir deshalb den mißbrauchten Begriff »antifaschistisch« in Zukunft besser ersetzen durch ein anderes, bescheideneres Wort, das den Kampf gegen die Menschenverachtung, die Folter, den Terror und den Völkermord von rechts ebenso meint wie den Kampf gegen den Völkermord, den Terror, die Folter und die Menschenverachtung von links: Gegen den Totaliarismus. Das ist vielleicht nicht so attraktiv, aber es beschreibt eine Wahrheit. Antitotalitär. Ein Professorenwort, eine Kopfgeburt. Darauf reimen sich keine Gedichte von Brecht und lassen sich keine Lieder von Ernst Busch singen. Vielleicht nicht mal Komitees gründen und Kongresse veranstalten. Dafür kann man mit dem Begriff Lüge von Wahrheit unterscheiden. Gegen Stalin und Hitler mit Margarethe Buber-Neumann? Von ganzem Herzen ja. Gegen Hitler – mit Mielke? Gegen neonazistische Gewalttäter – mit Gysi? Mit der RAF? Nein danke.

Doch der »Antifaschismus« ist nicht die einzige Lebenslüge der achtundsechziger Bewegung. Die ganze »antiautoritäre« Bewegung, heute allgemein als zumindest in Teilbereichen positiv bewertet, ist selber eine Lebenslüge. Die Lebenslüge einer Generation.

DRITTES KAPITEL

1968 oder Der Lange Marsch in die Toskana

Ein Gespräch vor wenigen Monaten: Ich bin zu Gast im Hause eines älteren, konservativen Gelehrten, einem früher leitenden Funkredakteur, der zu seiner Zeit einmal zu den herausragenden Persönlichkeiten der antikommunistischen Kulturszene gehörte. Heute aber ist er selber ein Opfer des »Langen Marsches durch die Institutionen« geworden, nachdem die jungen linken Kollegen, die seit damals in den Sender geströmt sind, ihn mit viel Liebenswürdigkeit von den Vorteilen der achtundsechziger Bewegung und von der Notwendigkeit einer neuen, offenen, »liberalen« Auffassung in der Politik überzeugt haben. Es ist noch ein anderer Gelehrter zu Gast, der früher als linksliberaler Vordenker galt und heute dem kleinen Kreis von Intellektuellen zuzurechnen ist, die für die Legitimität eines Nationalgefühls auch für Deutsche eintreten. Auf die achtundsechziger Jahre zu sprechen kommend, meinte der frühere Konservative, schließlich sei doch unbestreitbar viel Gutes durch die achtundsechziger Bewegung bewirkt worden, die ganze Gesellschaft habe sich – »irgendwie positiv« – geändert. Der andere Gast und ich sagten beide übereinstimmend, es habe sich eigentlich überhaupt kaum etwas Positives ergeben, außer ein paar Korrekturen der Kleidermode (Jeans) und einigen Lockerungen überholter Umgangsformen (das Duzen der Studenten, überhaupt jüngerer Menschen untereinander, eine gewisse Lockerheit: Hast mal ne Zigarette für mich?), Dinge, die sich aber wahrscheinlich ohnehin im Laufe der Jahre geändert hätten. Alles Übrige aber, was die Bewegung erzeugt habe, seien Verirrung und Verwirrung, Schaden, Defizite und Defekte, individuell für jeden einzelnen und für die Gesellschaft als Ganzes.

Dieses sehr negative Urteil über eine so erfolgreiche und folgenreiche Bewegung muß näher erläutert werden, und deshalb wollen wir zunächst diese Bewegung aus ihren Anfängen heraus zu verstehen suchen, sodann ihre Entwicklung, ihre Auflösung und den Beginn des »Langen und mühevollen Marsches durch die Institutionen« (Rudi Dutschke) kritisch betrachten und schließlich auch die Ergebnisse dieses »Langen Marsches« registrieren, alles sehr subjektiv, versteht sich, wie es sich für einen Zeitzeugen gehört.

Ab 1965 sind die Ansätze zu einer Bewegung zu erkennen, die ihre Impulse aus den verschiedensten, teilweise sehr heterogenen, ja sich selbst widersprechenden Quellen bezog. Es muß festgestellt werden, daß die Gefahr, die in dieser Bewegung steckte und die zu den teilweise verheerenden Folgen für den einzelnen und die ganze Gesellschaft führte, eine Gefährlichkeit von Anbeginn war: Es entwickelte sich nicht langsam eine gute Sache zu einem schlechten Ende, sondern der negative Kern war bereits bei den Vätern oder Vorläufern der Bewegung deutlich erkennbar.

Die Ballade vom Sozialismus mit menschlichem Antlitz

Die in einer Dutschke-Biographie einmal genannten »vier Väter« der Bewegung hießen Georg Lukács, Ernst Bloch, Herbert Marcuse und Helmut Gollwitzer. Daneben wird immer wieder auch Rosa Luxemburg genannt, vor allem aber Lenin, dessen Bild Dutschke bekanntlich auf die Füße stellen wollte (so der Titel seiner Dissertation). Von Gollwitzer einmal abgesehen, handelt es sich bei den Vätern der »Außerparlamentarischen Opposition« (APO) also um Denker, denen bei aller Unterschiedlichkeit ihrer Positionen die Funktion zugewiesen wurde, die damals bereits bekannte miserable Wirklichkeit des sogenannten »Realen Sozialismus«, allen voran der Sowjetunion und der DDR, durch einen schönen, utopischen Überbau zu überwölben, unter Verweis auf die Weiterentwicklung dieser Ansätze die bisherigen Ausformungen des Sozialismus als verformt, als »entstellt« erscheinen zu lassen und einen wirklichen, den »wahren« Sozialismus zu schaffen, von dem man seltsamerweise voraussetzte, daß er ein demokratischer sein würde, einer mit »menschlichem Antlitz«.

Daß eine Differenz mit der Moskauer Führungsmacht ein Regime nicht notwendigerweise menschlicher und demokratischer, im Sinne einer – einseitig stilisierten – Rosa Luxemburg, machen mußte, lehrte bereits damals das Beispiel Chinas, ohne daß den Studenten die ganze furchtbare Wahrheit bekannt sein mußte, denn viele Reisende, die aus diesem sehr unzugänglichen Land kamen, waren des Lobes voll. Die Wahrheit über die mörderische Praxis der Kulturrevolution und der »Roten Garden«, die erst im September 1993 dokumentiert wurde, oder gar das Horror-Szenario des späteren Pol-Pot-Regimes nicht vorausgeahnt zu haben, ist den nach neuen Leitfiguren suchenden jungen Studenten heute nicht anzulasten. Interessant ist aber dennoch das hohe Maß an Selbsttäuschung, das in den APO-Zirkeln vorherrschend war. So wurde den »stalinistischen Entstellungen« das Jahrhundertgenie Lenin, gelegentlich auch Trotzkij entgegengestellt, obwohl historische Forschungen längst bewiesen hatten, daß die Stalinsche Politik sich aus der Lenins genuin und konsequent entwickelt hatte und das gesamte Terror- und auch das Massentötungskonzept schon bei Lenin und seinen Mitstreitern 1918 voll ausgebildet war. So hatte Sinowjew schon 1918 gesagt: »Von den hundert Millionen der Bevölkerung in Sowjetrußland müssen wir neunzig für uns gewinnen. Mit den übrigen haben wir nicht zu reden, wir müssen sie ausrotten.«

Eine selbsterzeugte Blindheit auf einem Auge ließ die Protagonisten des »Sozialismus mit menschlichem Antlitz« das alles nicht erkennen, wahrscheinlich, weil sie den tiefen Willen hatten, an die fast religiöse Heilslehre zu glauben – nicht umsonst hieß das Hauptwerk eines ihrer Propheten »Das Prinzip Hoffnung«. Aber erst die Trennung Chinas von Rußland, die scheinbare Unabhängigkeit der kubanischen Revolution und des Vietcong gab den Heilspredigern die Gewißheit, den »Sozialismus mit menschlichem Antlitz« (eine Formulierung, die Bände spricht über die bisherigen Formen des Sozialismus: Sie waren eben unmenschlich!) und die Änderung der »menschlichen Natur« jetzt verwirklichen zu können. Dieses »jetzt«, hier und heute, früher in kommunistischen Zirkeln als »revolutionäre Ungeduld« verschrien, wurde zu einer beliebten Attitüde der »Achtundsechziger«. Was jahrzehntelange Beeinflussungsversuche der orthodoxen Kommunisten unter den Studenten und Schülern in vielen Jahrzehnten nie geschafft hatten, die Mobilisierung weiter Teile der Jugend für den Kommunismus, das gelang der neuen Bewegung, mit dem Blick auf diese fernen Länder und unter Berufung auf die neuen Idole, innerhalb von wenigen Wochen. Dabei hätte dem intelligenteren Teil der APO-Führer, die das System des Realen Sozialismus radikal ablehnten, bei konsequentem Weiterdenken klar werden müssen, daß es niemals glücken würde, »Fehler«

im Sozialismus zu korrigieren und zu vermeiden, handelte es sich doch hier – und das war auch damals schon erkennbar – um ein System, auf das einer der späteren Lieblingssprüche der RAF anwendbar wäre: »Das System macht keine Fehler, das System ist der Fehler.«

Doch die Hoffnung auf einen »Sozialismus mit menschlichem Anlitz« war nur der eine und der noch am wenigsten originelle Teil der Impulse aus denen sich die neue Bewegung speiste, ein Aufstand der Jugend, den weder soziale Not noch krasses Elend hervorgerufen hatte, sondern der in einer Epoche des höchsten Wohlstands entstanden war, den je eine Gesellschaft erreicht hatte. So bemühte man sich, Defizite auf einem anderen als dem sozialen Gebiet aufzudecken und anzuklagen.

Die befreite Sexualität

Auch die Propheten der befreiten Sexualität und der Sex-Pol-Bewegung stammten vom Rand der kommunistischen Bewegung und waren bereits vor 1933 aufgetreten: Wilhelm Reich und Herbert Marcuse hatten bereits die Befreiung des Menschen durch die Aufhebung der sexuellen Unterdrückung gefordert. Da die unterdrückte Sexualität und der daraus resultierende, im Grunde neurotische »autoritäre Zwangscharakter« geradezu ideale Voraussetzungen für die Unterdrückung des Menschen schaffe, müsse als erstes »die Sexualität« befreit werden. Als Mittel dazu empfahlen sich die schon in den ersten Tagen der russischen Revolution propagierte »Freie Liebe«, das Leben in Wohngemeinschaften, in denen die verkrusteten Strukturen der Familien aufgehoben werden sollten, die schrankenlose Praktizierung des Sex bis hin zum Gruppensex und das nicht nur scherzhaft gemeinte Gebot, den Partner zu wechseln (»Wer zweimal mit derselben pennt, gehört schon zum Establishment«). Eventuell noch vorhandene »anerzogene« Schamgrenzen oder Hemmschwellen würde man durch Diskussionen und Aussprache, aber vor allem mit Hilfe von Drogen (Haschisch und LSD) überwinden. Die so erreichte Befreiung des einzelnen müßte fast automatisch die Befreiung der ganzen Gesellschaft bewirken.

Es war dieses Angebot, zuerst in Amerika propagiert und bald über den großen Teich nach Westeuropa exportiert, das von den Studenten in Deutschland, deren Partnerverhalten durch die Erfindung und Massenverbreitung der Antibabypille ohnehin revolutionären Veränderungen unterworfen war, gern akzeptiert wurde und zur Massenwirkung der Bewegung beitrug. Zwar kam es nur in außerordentlich seltenen Fällen zu wirklich praktizierter sexueller Promiskuität in Kommunen, die man auch schon 1917/18 in Moskau und St. Petersburg gegründet hatte, aber die vielen Diskussionen darüber erreichten langfristig das Ziel, die ohnehin für viele fragwürdig gewordenen Tugenden wie eheliche Treue und Dauerhaftigkeit der Beziehung zu einer Kann-Frage herunterzustufen, zu einer zeitlich begrenzten Partnerschaft, die dann auch durch das Wort Beziehungskiste trefflich charakterisiert ist. So glaubten die Protagonisten, dem Ziel näher zu kommen, von dem schon die Jakobiner der Französischen Revolution geträumt hatten: die Familie als Grundlage des Staates durch die Beliebigkeit der flüchtigen Partnerbeziehungen zu ersetzen oder doch wenigstens zu relativieren. Dies ist vielleicht sogar die nachhaltigste Wirkung der Revolution.

Die ersten Experimente dieser Art wurden in der sogenannten »Kommune 1« (K 1) in Berlin gemacht, die sich nach der Auflösung der »Viva Maria Gruppe« in München, auf die wir noch im Zusammenhang mit dem Gewaltthema stoßen werden, etabliert hatte und in der alles Geld in einer gemeinsamen Kasse zusammengefaßt war, gemeinsam gegessen und geschlafen und in der auch gelegentlich Gruppensex praktiziert wurde. Zumindest mußten alle, auch die intimsten Dinge, öffentlich gemacht werden, wozu zuerst die Türen der Schlafzimmer, später auch die Türen der Toiletten ausgehoben wurden. Die Praxis sah jedoch meist anders aus. Die »Kommune 1« zum Beispiel hatte nur zwei Mädchen. Das einzige attraktive Mädchen der Gruppe, Uschi Obermaier, sicher für viele ein Anlaß zum Eintritt, beanspruchte Kommune-Platzhirsch Rainer Langhans hartnäckig für sich allein, und Uschi Obermaier zog sehr bald aus der Kommune aus, die nun frauenlos war. Doch die Diskussion war angefacht, das Beispiel machte Schule, und sehr schnell bildeten sich, zunächst in vielen Universitätsstädten, mehr oder weniger lockere Kommunen, die meist nur als bequeme und billige Wohngemeinschaften genutzt wurden.

Ganz im Gegensatz zur politischen Mehrheitsgruppe im Sozialistischen Deutschen Studentenbund (SDS) um Rudi Dutschke ließen die Kommunarden auch nie von der privaten »Orgasmus-Chose« (Teufel) ab und setzten von dieser Position aus zum Angriff gegen die bestehende gesellschaftliche Ordnung und die Polizei an. Die Verulkung und Verunsicherung der Autoritäten, die sie als politisches Kampfmittel einsetzten, wurde viele Jahre lang weit überschätzt, denn dergleichen hatte es schon zu allen Zeiten an den Universitäten Europas gegeben. Nur hätte man es früher einfach Studentenulk oder Jokus genannt. Den vielbejubelten Scherz, in der Hamburger Michaeliskirche während der Predigt des hochangesehenen Theologen Thielicke wie eine Horde wildgewordener Esel »I-ah« zu schreien, hätten die Theologiestudenten in Paris um 1450 mit ihren rohen Scherzen mühelos übertroffen, freilich während des Karnevals. Eine Art Dauerkarneval versuchten die Kommuneclowns denn auch 1967/68 in Berlin zu etablieren. Ständig kostümiert und zu allerhand Mummenschanz aufgelegt, versuchten sie ihren Gegenspielern, den Polizisten, klarzumachen, daß ihre Sexualität verklemmt sei und sie nur deswegen zum Gummiknüppel griffen: »Die Polizei braucht eine Muse – wir dachten an Beate Uhse.«

Den Protagonisten der »Sexuellen Befreiung« war jedoch klar, daß die beliebige Anknüpfung (»Wulle wu kuschee aweck moa?«) und Auflösbarkeit (»Ich find, es läuft irgendwie nicht mehr so gut mit uns«) von Zweierbeziehungen, wie man sie etwas herabsetzend nannte, und die ebenso große Beliebigkeit, mit der man Kinder verhütete oder eben abtrieb (die stereotype Frage damals lautete: »Wollen wir es behalten?«) für den Rest der dennoch geborenen Kinder erhebliche Probleme bringen würde. Deswegen wurden die Bemühungen, die Sexualität zu befreien, bald flankiert von Versuchen, den Neuen Menschen sozusagen selber heranzuzüchten (entsprechend der marxistischen Ideologie nicht biologisch, sondern durch Lernvorgänge), das heißt die Kinder antiautoritär zu erziehen.

Experimente an lebenden Menschen

Auf diesem Sektor gibt es wohl die gewaltigste Dunkelziffer der begangenen Untaten oder meinetwegen auch nur Dummheiten, hier haben wir auch die nachweislich breiteste Nachwirkung der Bewegung, hier auch die meisten Defizite und Beschädigungen. Fußend auf uralten Utopien wie Platons Staatserziehung und über das hinausgehend, was in der Sowjetunion oder China praktiziert worden war, sollten zunächst einmal die Mütter und Väter in ihrer Bedeutung für das Kind zumindest relativiert werden. Zielbewußt schaffte man zunächst die aus vorgeschichtlichen Zeiten stammenden, in allen Ursprachen gleichen Lallaute, die von den Babys meist zuerst gebildeten Worte Papa und Mama ab und ersetzte sie durch Vornamen wie Rolf oder Anne. Die in ihrer emotionalen Bedeutung für den Säugling heruntergestuften Mütter und Väter konnten so später jederzeit durch beliebig auswechselbare »Bezugspersonen« ersetzt werden. Eine Sozialisierung in eigens dafür gegründeten »Kinderläden« sollte jede Art von »Familienfixierung« verhindern und an die Stelle der nicht zu Unrecht Nestwärme genannten Sicherheit im Schonraum der Familie ein Kollektiv von Bezugspersonen setzen. Infolge der starken Fluktuation der »Beziehungskisten« wechselten auch die Bezugspersonen solcher Kinder häufig, während man in der Regel bemüht war, traditionelle und nicht auswechselbare Bezugspersonen, wie die Großeltern, Tanten und Onkel, von den Kindern fernzuhalten.

Das Spielzeug wurde im Sinne einer Aufhebung des Rollenzwangs (Puppen für Jungen, Technik für Mädchen) revolutioniert, die alten (»autoritären«) Kinderbücher durch eine rabiate Zensur aussortiert und eigene Theaterstücke auf eigenen Bühnen herausgebracht, in denen häufig mehr über die aggressiv-anarchistischen Gewaltphantasien ihrer Autoren ausgesagt ist als in allen politischen Manifesten dieser Jahre. Wenn hier den Kindern beigebracht werden sollte, daß der »Chef« immer der Böse ist, dem »Springer auf die Finger« zu hauen und die Dreijährigen anschließend mit Umhängeschildern und Sprüchen wie »Papitalismus muß putt« auf die Straße zogen und den symbolischen Verbrennungen von Strauß-

Puppen oder dem tatsächlichen »Abfackeln« von Autos zujubelten, so war das eine schlimme Manipulation an den Wehrlosesten der Gesellschaft, keinen Deut Besser als die Dankeslieder der koreanischen Hosenmätze an den »Vater aller Kinder« Kim Il Sung oder das berüchtigte »Gebet« der Jüngsten in nationalsozialistischen Kinderhorten: »Händchen falten, Köpfchen senken – immer an den Führer denken!«

Sexueller Mißbrauch von Kindern

Doch mit solchen politischen Indoktrinationen begnügt man sich nach weiterer, eingehender Lektüre von Wilhelm Reich und Herbert Marcuse nicht. Wenn schon die eigene Sexualität »versaut« war (was sich beispielsweise daran zeigte, daß einer hartnäckig an die romantische Liebe glaubte oder sich weigerte, seine Zweierbeziehung aufzugeben – wie es Rudi Dutschke in der Zeit der Münchener »Urkommune« getan hatte), dann sollten wenigstens die Kinder zu einer befreiten Sexualität erzogen werden. Auch Frühformen der Sexualität, wie die Analphase, sollten von den Kindern voll ausgelebt werden. Im Extremfall wurden die Kinder ermuntert, die Fußböden und Wände der Kommunewohnung mit Kot oder, wie man es aus Bequemlichkeit schnell abmilderte, mit Marmelade und Nutella, Butter und Margarine zu verschmieren oder darin herumzurutschen. Einmal heraus aus der Analphase, sollten die Kinder auf der nächsten Stufe der Sexualität möglichst früh und natürlich öffentlich onanieren, und so kann man in Kommuneprotokollen allen Ernstes nachlesen, daß Mütter sich besorgt an das Kollektiv wendeten mit Worten wie: »Mein Kind ist schon vier und onaniert nicht richtig!«

Daß jedoch die »befreite Sexualität« des Kindes auch noch auf andere, heiklere Weise geweckt werden konnte, als nur durch das obligatorische Zuschauen beim Geschlechtsakt, zum Beispiel durch pädophile »Spiele« mit fünfjährigen Mädchen, davon zeugt das höchst offenherzige Protokoll der »Kommune 2« (K 2), die sich speziell mit Fragen der Kindererziehung beschäftigte, bevor sie, zum Glück für die betroffenen fünf Kinder, wenige Monate später auseinanderlief: »Grischa sagt, sie braucht keine Decke zum Einschlafen... Wir unterhalten uns über die Brust von Mädchen, wenn sie älter sind. Dann will sie meinen ›Popo‹ streicheln. Ich muß mich umdrehen. Sie zieht mir die Unterhose runter und streichelt meinen Popo. Als ich mich wieder umdrehe, um den ihren wie gewünscht zu streicheln, konzentriert sich ihr Interesse sofort auf ›Penis‹. Sie streichelt ihn und will ihn ›zumachen‹ (Vorhaut über die Eichel ziehen), bis ich ganz erregt bin und mein Pimmel steif wird. Sie strahlt und streichelt ein paar Minuten... Ich versuche ein paarmal, sie auf ihre Vagina anzusprechen, sage, daß ich sie auch gern streicheln würde...«[1]

Aber inzwischen hatte die K 2 überall im Lande Nachfolger und Nachahmer gefunden, und das »Papitalismus putt machen« wandelte sich schnell zu »alles putt machen« bis zu dem militanten »Macht kaputt, was euch kaputtmacht!« Damit betreten wir ein weiteres Feld, auf dem am nachhaltigsten zum Schaden der Gesellschaft experimentiert wurde, das Feld der Gewaltdiskussion.

Macht kaputt, was euch kaputtmacht

Über die Gewalt der außerparlamentarischen Bewegung wird heute gern die Legende verbreitet, die Bewegung sei von allem Anfang an im Geiste Gandhis und Martin Luther Kings strikt friedlich gewesen und habe mit gewaltlosen Scherzaktionen und dadaistischen Ulkveranstaltungen die »versteinerten Verhältnisse zum Tanzen« und die Menschen zum Nachdenken über die Änderung des Systems bringen wollen. Dann aber habe die Polizei durch gewaltsame Einsätze, die in der Erschießung von Benno Ohnesorg gipfelten, die Welle der Gewalt erst ausgelöst (»Wir schießen zurück«, schrieb die Berliner Anarchisten-Postille *Agit 883*). Dennoch sei es noch einmal für eine lange Zeit friedlich weitergegangen, bis dann ein halbgeistesgestörter Bachmann, aufgehetzt von der »Springerpresse«,[2] Rudi Dutschke durch Pistolenschüsse lebensgefährlich verletzt hätte. So sei alle Gewalt gewissermaßen als »Gegen-Gewalt« zu verstehen, wie ein damals modischer Ausdruck lautete und ein Leitartikel Ulrike Meinhofs in *Konkret* hieß.

Diese Legende trifft für einen großen Teil der Mitläufer zu – und so (als deren Wunschprojektion) ist ihre große Verbreitung verständlich –, nicht jedoch für die geistigen Führer der Bewegung. Im Gegenteil. Es ist kein Geheimnis, daß die Wortführer der 68er, auch wenn sie den »gewaltfreien Widerstand« predigten, von Anfang an mit den militanten Guerillabewegungen in der Dritten Welt sympathisierten, die ihren Erfolg und ihre Anhängerschaft ausschließlich brutal eingesetzter Gewalt verdankten. Ja, sie erlebten diese Kriegshelden als romantische Identifikationsfiguren, wie etwa Che Guevara und Ho Tschi Minh, deren Namen als Schlachtrufe bei Demonstrationen skandiert wurden.

Mehr noch. Die Vorläuferin der Kommune 1, die Ur-kommune in München, in der auch Gretchen und Rudi Dutschke gelebt hatten, nannte sich Viva-Maria-Gruppe. Warum gerade dieser Name? Für den, der den Film nicht kennt: Brigitte Bardot und Jeanne Moreau spielen in diesem Film zwei Chansonsängerinnen aus Paris, die in Mexiko über das Land tingeln und sich einer Anarchisten-gruppe anschließen, die inmitten ernsthafter Revolutionen mit Hilfe von sehr viel Sprengstoff das Geschehen zugunsten der notleidenden aufständischen Bevölkerung beeinflussen. In dem Film ist wenig von den furchtbaren Niederlagen und Opfern der mexikanischen Revolution die Rede, aber dauernd hört man es lustig krachen, wenn wieder eine Brücke gesprengt, eine Kaserne oder ein Mu-nitionslager in die Luft gejagt wird . . .

Am Anfang stand also ein Film. War es verwunderlich, daß am Ende wieder ein Film, wieder eine Legende von zwei mit Sprengstoff hantierenden Frauen stand, mit ein paar rauhbeinigen Männern als Genossen? Diese Kom-mune Null, die Urkommune, aus der sich die »Pudding-Kommune« 1 entwickelte, nannte man nicht umsonst Viva-Maria-Gruppe. Alle hatten sich den Film minde-stens zehnmal angesehen, so begeistert waren sie.[3]

Hängt die Generale von der Bundeswehr!

Ein Potential jugendlich-unreifer Aggressions- und Tö-tungsphantasien hatte es schon in den Jahren vor der APO gegeben. Zwar zunächst nur am Rande und trotz der Ostermärsche, die – von der DDR gelenkt, finanziert und gesteuert – ihre Teilnehmer jedes Jahr zu Ostern friedlich und gesittet durch die Vororte und Nebenstraßen der Städte schlendern ließen (später werden solche Demonstrationen verächtlich »Latschdemos« genannt). Sie waren von ihren kommunistischen Auftraggebern angewiesen, bloß nicht anzuecken, sondern überall bürgerliche Bündnispartner, besonders Theologen, Pastoren und junge Christen zu gewinnen.

Ganz anders aber war die Stimmung im Sozialistischen Deutschen Studentenbund (SDS) der späten fünfziger und frühen sechziger Jahre: Nach ermüdenden Machtkämpfen und einer viele Jahre dauernden Herrschaft der Gemäßigten kam 1959 mit der »Ossi-Hüller-Fraktion« eine halb anarchistische, halb alt-klassenkämpferische Gruppe von Sozialisten an die Macht, die freilich schon nach einem Jahr – zusammen mit der »*Konkret*-Fraktion« – vom Bundesvorstand der SPD durch einen Unvereinbarkeitsbeschluß ausgeschlossen wurden. In diesem SDS sang man, unter der Leitung seines wie ein Landsknechtführer populären Vorsitzenden Osswald (»Ossi«) Hüller, in feuchtfröhlicher Stimmung schon mal Lieder wie

Hoch die Generale
Hoch die Generale
Hoch die Generale von der Bundeswehr
An die Laternenpfahle
An die Laternenpfahle
An die Laternenpfahle von der DDR!
(Zu singen nach einem preußischen Militärmarsch.)

Mag dieses »an den Laternen« noch als ein romantischer Nachklang von Liedern über die französische Revolution (»A la Lanterne«) interpretiert werden, so enthüllt sich in einem weiteren Lied von 1960 eine Aggression von bemerkenswerter Brutalität, die wie ein Vorgriff auf die Politiker-Morde der siebziger und achtziger Jahre durch die RAF klingt; ein Lied, ebenfalls fröhlich zu singen – zu der Melodie von »Glory, Glory, Halleluja«:

Wir jagen den Strauß in ein Minenfeld hinein
Wir jagen den Strauß in ein Minenfeld hinein
Wir jagen den Strauß in ein Minenfeld hinein
Am Tage der Revolution.

In ein Minenfeld. Darauf mußte erst mal einer kommen. Bleibt nachzutragen, daß die großen Qualitäten, die charismatische Ausstrahlung und Durchsetzungsfähigkeit Osswald Hüllers bald ganz anderen Zielen nutzbar gemacht wurde. Als studierter Betriebswirt machte er sein Examen und ging zu Krupp. 1973 war er, als Leiter einer Behörde für Industrieansiedlung in Nordrhein-Westfalen, einer der angesehensten und mächtigsten Wirtschaftsführer im Land.

Hängt die Generale. Am Tag der Revolution ... Was für eine Revolution das sein sollte, blieb unklar. Jedenfalls sollte es nichts mit »realem Sozialismus« zu tun haben. Dieser eignete sich denkbar schlecht als Identifikationsangebot für tatendurstige junge Leute. Erst nach 1965/66 konnten die neu entstehenden Jugendbewegungen im Westen in dem von der Sowjetunion getrennten und nunmehr unabhängigen Rotchina, in Kuba, in der Bewegung der Stadtguerilla Südamerikas (Tupamaros) und vor allem im gegen die Amerikaner kämpfenden Vietcong neue, attraktivere Vorbilder finden.

Vor allem identifizierte sich die sich selbst bewußt als Jugendbewegung (»Trau keinem über dreißig!«) einstufende neue Generation im Westen mit der dortigen Jugend, besonders mit den »Roten Garden« in China, deren Namen Schüler- und Studentenorganisationen annahmen und deren Aktionen sie sich zum Vorbild auch in der Bundesrepublik nahmen. Dabei war in Umrissen auch damals schon zu erkennen, daß die Kulturrevolution jahrtausendealte, unersetzliche Kulturdenkmäler zerstörte, den Wissenschaftsbetrieb und die Forschung für

Jahre lahmlegte und für ihre Millionen Opfer lebenszer-
störende Folgen hatte. Lediglich die unfaßbare Zahl der
Hingerichteten, zu Tode gefolterten und in Folge von
Mißhandlungen, Hunger und Mißwirtschaft gestorbenen
Opfer war damals nicht bekannt.

Die Bewegung der Achtundsechziger war zu keinem
Zeitpunkt nur Gandhi und Luther King verpflichtet, sondern theoretisierte von Anfang an über Gewalt. Lediglich
über den Zeitpunkt und den Ort des Einsatzes der Gewalt wurde heftig gestritten. Die Gewaltanwendung
selbst, das Durchbrechen des seit dem Spätmittelalter gel-
tenden Gewaltprivilegs des Staates war kein Streitpunkt.
Schließlich herrschte angeblich überall »strukturelle Gewalt«. Nur über wann und wo und von wem wurde heftig
diskutiert. Nur in der Dritten Welt? Auch in den westlichen Großstädten? Das war in das Belieben der einzelnen
Gruppe gestellt. Die Diskussion wurde bei uns in *Konkret* geführt. Ein selbsternanntes Kontrollkollektiv aus
sechs APO-Autoritäten (auch die gab es – sollte es ja eigentlich nicht geben!) trieb die Gewaltdiskussion bis zu
dem Satz des Schriftstellers Peter Schneider: »In prinzi-
pieller Hinsicht endet die Frage nach der Gewalt in der
Frage, ob wir entschlossen sind, unsere Ziele zu erreichen ... Wir werden damit nicht warten, bis noch eine
Generation und noch eine Generation kaputt gemacht
wird, sondern wir wehren uns jetzt. Den Sozialismus
werden wir nur bekommen, wenn wir unsere Feinde wissen lassen, daß wir alle Mittel anwenden werden, die nötig
sind, ihn zu bekommen ...«

Einige Leser werden bei dem Namen Peter Schneider
aufgemerkt haben. Sie haben recht: es ist der gleiche, der
im *Kursbuch* 4/1993 die Gewalt, die sich in den Brandstif-
tungen der letzten Jahre zeigt, bitter beklagt, die Ursache
dafür aber in einer barbarischen, atavistischen Disposi-

tion des Menschen zur Gewalt sieht, gegen die ein neuer *contrat social* geschaffen werden müsse. Peter Schneider verschweigt auch nicht, daß die Freigabe der Gewaltdiskussion 1968 eine der Ursachen der Gewalttätigkeit von heute war. Seinen eigenen Beitrag in *Konkret* vom Juni 1968 aber hat Peter Schneider nicht einmal erwähnt. Damals schrieb er, um nur ein Beispiel zu nennen, über einen schwarzen Heckenschützen bei den Rassenunruhen von Detroit, der bereits mehrere Menschen mit einer Maschinenpistole erschossen hatte, er hätte »durch seinen Kampf einen Teil seiner verwüsteten Identität wiederhergestellt« und »sich in diesem Augenblick zu einem Menschen« gemacht. Für mich war dieser Artikel Schneiders damals einer der Anlässe, mich von einem selbsternannten »Autorenkollektiv« in *Konkret* zu trennen.

Dennoch wurde pausenlos weiter diskutiert. Noch machte man einen Unterschied zwischen der Gewalt gegen Sachen und der gegen Personen. Doch bereits wenige Monate später bewies Andreas Baader durch seine mit der Pfarrerstochter Gudrun Ensslin ausgeführte Warenhausbrandstiftung, daß die Grenzen immer fließender wurden. Befragt, ob er das Warenhaus auch angezündet hätte, wenn darin das Hausmeisterehepaar anwesend gewesen wäre, antwortete er: »Ja.«

Diese Äußerung wurde nie veröffentlicht. Die Interviewerin war Ulrike Meinhof, die kurze Zeit darauf die Warenhausbrandstiftung in einem Leitartikel zu rechtfertigen suchte. Von da bis zur Gründung der »Roten Armee Fraktion« (RAF) war es nur noch ein Schritt, aber er dauerte über zwei Jahre. So wie der wirklichen Brandstiftung die scheinbar spielerischen Verse der Kommune vorangegangen waren (»burn, warehouse burn« schrieben diese 1967 in einem Flugblatt. Staatsanwälte und Journalisten, die dies als Aufforderung zur lebensgefährlichen Brandstiftung sahen, wurden von einem bekannten liberalen Publizisten verspottet, weil sie die literarische Ironie nicht verstanden hätten), gingen Worte oft den Handlungen voraus. So veröffentlichte die schon erwähnte Anarchisten-Zeitung *Agit 883* eine Zeitungsmeldung, daß der Inhaber einer Firma durch eine Steinplatte erschlagen worden sei, die ein Lehrling aus bodenlosem Leichtsinn auf ihn fallengelassen habe. Diese Meldung kommentierte *883* mit folgendem »Scherzchen«:

Leichter Sinn
Stein war schwer
Chef ist hin
Danke sehr.

Ja, danke sehr. Was mit dem Durchschneiden eines Mikrophonkabels, dem Erstürmen eines Universitätspultes, einer Kirchenkanzel, eines Rednerpodiums, mit der Besetzung und Verwüstung von Universitäten und Schulen, Büros und schließlich auch Wohnhäusern begann und mit der Entführung und Ermordung von Menschen endete, etwa der von einem deutschen Dramatiker und *Welt*-Autor mit viel Verständnis bedachten Ermordung eines Wirtschaftsführers durch die RAF, rechtfertigten sie ebenso leichtfertig wie zynisch mit dem Mao-Zitat »Bestrafe einen – erziehe hundert!« Oder sie begeisterten sich für ein Mao-Gedicht, das zweierlei Arten von Tod unterschied: »Der Tod des Feindes ist wie eine Flaumfeder – aber der Tod des Genossen ist wie ein Tai-Berg.« Mit solchen Zitaten ließen sich später Morde wie der an Arbeitgeberpräsident Schleyer ohne Skrupel ausführen: sein Tod war eben nur eine Flaumfeder – der Selbsttod Baaders und Ensslins selbstverständlich ein »Tai-Berg«.

Eine ganze Generation von Oberschülern und Studenten nahm 1968 und 69 bereitwillig die im Grunde uralten kommunistischen Feindbilder wieder auf und stürzte

44

sich fast begierig auf die neuen Identifikationsangebote: Kämpfer zu sein in einer weltweiten Schlacht gegen den »Imperialismus«, der nun an die Stelle des Kapitalismus trat, dem gegenüber die »Arbeiterklasse« sich zu einem Heer der »ausgebeuteten und entrechteten« Völker der Dritten Welt, aber später auch der ganzen Welt erweiterte und ergänzte. Doch die Völker der Dritten Welt ließ die ganze »Revolution« im luftigen Überbau ziemlich kalt, und gerade die Arbeiterklasse in Deutschland und in Frankreich begegnete den mit Worten herumfuchtelnden, in ihren Augen nichtsnutzigen Söhnen und Töchtern ihrer Arbeitgeber mit einem geradezu »arbeiterklassenspezifischen« Mißtrauen. Die hartnäckig vor den Fabriktoren umworbenen Objekte der studentischen Agitation, die Arbeiter, verweigerten den selbsternannten »Verbündeten der Arbeiterklasse« schlicht die Gefolgschaft. »Was wir wollen – Arbeiterkontrollen!« skandierten Oberschüler vor einem Bremer Fabrikgelände. »Wat? Ji wüllt uns kontroleeren!« empörten sich die Arbeiter und machten Anstalten, die Demonstranten zu verprügeln. »Auch dein Telefon wird abgehört«, mahnten Flugblätter, die Studenten im Hamburger Hafen verteilten. »Wie hebbt keen Tellefoon«, antworteten die schlagfertigen Hamburger Stauer.

So begann der »Lange Marsch durch die Institutionen« (früher hätte man es vielleicht einfacher »Ochsentour« genannt), zu dem nach der Aufforderung von Rudi Dutschke Zehntausende aufbrachen, ihr Studium beendeten und in die Berufe strebten (die überwiegende Mehrzahl wurde Lehrer) oder ein politisches Betätigungsfeld bei den etablierten Parteien suchten, vornehmlich bei der SPD, später auch bei den Grünen. Als Folge dieses sich über mehr als zwei Jahrzehnte hinziehenden Langen Marsches hat sich heute eine gutbezahlte Generation von C4-Professoren an Deutschlands Universitäten unkündbar etabliert. Der Rest der Eliten findet sich mittlerweile in den höheren und mittleren Rängen der Parteihierachien, in einflußreichen Positionen bei Funk- und Fernsehanstalten, Tageszeitungen, Werbefirmen und Filmproduktionen; das Fußvolk hat immerhin als Lehrer, Pfarrer, Leiter von Volkshochschulen oder SPD-Ortsgruppen sein Etappenziel erreicht.

Die Verheißung des Endkommunismus, »jedem nach seinen Bedürfnissen«, haben sie jedenfalls für sich einigermaßen verwirklicht. Fast allen gemeinsam ist die Überzeugung, daß der Mensch durch Menschen ausgebeutet wird, aber auch, daß ein Besuch in Mailand interessanter ist als eine Reise nach Leipzig und daß man eine wirklich gute »Pasta« nur in der Toskana essen kann.

Die Gesamtheit dieser gigantischen Desinformation ist nach dem massiven und auch infolge des natürlichen Generationswechsels fast lückenlos erfolgreichen »Langen Marsches« nun im Bewußtsein eines nicht unerheblichen Teils der deutschen Bevölkerung fest verankert. Entscheidende Defekte wurden damals eingeleitet: die totale Sehstörung bei der Beurteilung linken und rechten politischen Terrors – bis hin zum vorbereiteten und ausgeführten politischen Mord; die ins Ermessen des einzelnen gestellte willkürliche Interpretation des Gewaltprivilegs; der leichtfertig-antihumane Umgang mit der Unversehrtheit des Körpers (einschließlich der Beliebigkeit der Diskussion über das ungeborene Leben), die nach wie vor von Dilettanten in allen Regionen der Bundesrepublik vorgenommenen, verantwortungslosen (nämlich keiner Institution verantwortlichen) Erziehungsexperimente an eigenen und fremden Kindern, die ebenfalls im Kern zutiefst anithumaner Tradition zuzuordnen sind.

Dem auch schon in internen Diskussionen so genannten »Herumfummeln am Sozialisationsprozeß« stand ein ebenso verheerendes »Herumfummeln am Gewaltprivileg«, ein ebenfalls beliebiges »Herumfummeln« an ethischen Wertvorstellungen ganz allgemein zur Seite. Hier wurde nicht etwa »nur« eine Umwertung aller Werte angestrebt und bewirkt, sondern eine allgemeine Abwertung aller Wertvorstellungen überhaupt.

Ich erinnere in diesem Zusammenhang an die bekannte Äußerung eines Kanzlerkandidaten in der SPD, daß Tugenden wie Fleiß, Ordnung, Tüchtigkeit, Zuverlässigkeit Sekundärtugenden seien, mit denen man auch ein KZ leiten könne. Das ist ein paradigmatisches Zitat der Toskana-Fraktion: Die spöttische Abwertung aller gesellschaftlich notwendigen Gemeinschaftsanstrengungen und der vage Faschismusvorwurf als Dreingabe. Statt Liebe zu Deutschland – Liebe zur Pasta.

Eine ethikfrei aufgewachsene, sich selbst nach beliebigen Moden und »Trends« orientierende Generation, (»Mein Sohn ist irgendwie so aggressiv, er kloppt sich dauernd mit anderen Jungs, aber das macht nichts, der geht dann später zu Greenpeace!«), die nicht wirklich sozialisiert, meist gar nicht erzogen, sondern sich »zur Selbstverwirklichung« überlassen wurde; der man beigebracht hat, daß Mütter und Väter auswechselbare »Bezugspersonen«, Ehen »Beziehungskisten«, Ehepartner höchstens für einen Lebensabschnitt angenommene »Lebensabschnittspartner« (sprich LAP) sind, daß eheliche Treue idiotisch und unnatürlich ist, daß man zur Schule, aber eigentlich auch schon zum Kindergarten/Kinderladen nur gehen soll, wenn man »gut drauf« ist. Wer sich schon in der Schule aussuchen konnte, auf welche Fächer er »Bock« hat, wer frühzeitig ab Sechzehn von zu Hause wegstrebt – natürlich, um sich (endlich!) selbst zu verwirklichen – und Anspruch auf eine eigene Wohnung erhebt, selbstverständlich auch das Geld dafür (Schüler-Bafög), hat Anspruch auf Gehör: »Wohnungsnot« sekundieren die schon in die Positionen gelangten Genossen Journalisten.

Wem beigebracht worden ist, vom Kinderladen bis zur Universität, daß sein Land lieben, Deutschland zu sagen fast schon faschistisch, zumindest faschistoid ist; wer gesehen hat, daß viele Menschen unter einem Transparent »Scheißdeutschland« oder »Deutschland verrecke!« demonstieren; wer gelernt hat, daß Soldaten grundsätzlich Mörder sind, darf sich nicht wundern, wenn bei dem ersten größeren Krieg (ohne die Schuldigen zu kennen oder sich auch nur die Mühe zu machen, herauszufinden, wer da der Agressor war) gleich in ganzen Universitätsvierteln ein Meer von weißen Tüchern heraushängt. Wundern muß der Beobachter sich nur, daß dieselben Leute, die »gegen den Golfkrieg« so vehement demonstrierten, noch nie gegen die Raketen auf Israel oder die Greueltaten der Serben bei ihren ethnischen Säuberungen demonstrieren gegangen sind.

Wer von sozialdemokratischen Amtsinhabern, Zeitschriftenherausgebern und Schriftstellern – vor allem in Fernseh-Talkshows – gelernt hat, daß Drogen nicht so schädlich seien und man damit durchaus »umgehen« könne, daß dagegen eigentlich das Verbot von Rauschgift falsch und an den Drogentoten schuld sei, der wird auch die Folgerung mittragen, daß gegen Drogendealer kein »Lauschangriff« gemacht werden dürfe, und sie eigentlich auch nur arme Schweine seien, wenn man an die Verbrechen des Kapitalismus/Imperialismus denke. Spielt dabei auch eine Rolle, daß nicht nur südamerikanische Guerillabanden, sondern auch der Vietcong und heute die kurdische PKK ihre Waffenkäufe durch Drogen finanzierten und finanzieren?

Wer diesen Teil der heutigen Jugend verstehen will, auch und vor allem die sich immer mehr ausbreitende Gewalt, muß auf die achtundsechziger Experimente zurückgehen und die Gewaltdiskussion noch einmal nachlesen. So wird er weniger positive Langzeitfolgen der achtundsechziger Bewegung, aber viele seelische Defekte und ethische Defizite erkennen können, die damals ihren Anfang genommen haben und als Folge eines erfolgreichen und vollendeten Langen Marsches durch die Institutionen über Schulen, Universitäten, Erwachsenenbildungsstätten (auch über die evangelische Kirche!) heute weite Teile nicht nur der großstädtischen Bevölkerung, sondern inzwischen auch der Provinz erreicht haben.

Tröstliches

Vieles freilich reguliert der Verlauf der Geschichte selbst. Viele Freiräume, die sich in dieser schönen neuen Welt der kollektiven Verhaltenszwänge eröffnen, resultieren aus den Ungereimtheiten und grotesken Überspitzungen der Bewegung selbst. So stammt einer der frühesten Witze über die ständig zur »Selbstentfaltung« gedrängten Kinder zweifelsfrei aus dem Milieu der Kinderläden selbst: »Tante, müssen wir heute wieder spielen, was wir wollen?«

So stoßen die gutwilligsten Genossen an die Grenze ihrer Bereitwilligkeit, es allen Gruppen recht zu machen, wenn in einer Berliner Schule – und dies ist keine erdachte Geschichte – eine Gruppe türkischer und deutscher Elfjähriger die gleichaltrigen Mädchen überfällt und brutalen, vergewaltigungsähnlichen Ritualen unterzieht. Für wen, meine Damen und Herrn Achtundsechziger, würden sie sich nun entscheiden, für die elfjährigen Bengel, weil sie erstens, so sagen einige, »unsere Kultur nicht so gut kennen« (sehr schlechtes Argument, ist ja eigentlich ausländerfeindlich: Es würde bedeuten, daß gerade die Türken das Belästigen von Mädchen für einen Bagatellfall halten)? Zweitens, wie andere sagen, die Jungen sich nur »selbstentfalten« und bestätigen wollen, weil sie drittens ihre durch den Kapitalismus verschuldete Misere und soziale Demütigung durch Kraftprotzerei kompensieren wollen und man sie um Himmels willen nicht ausgrenzen darf, sondern mit ihnen diskutieren muß?

Außerdem sei überhaupt das Fernsehen schuld, daß in einigen Elternhäusern geduldet, in anderen zwar vollkommen verbannt, aber dennoch schuld ist. Oder, liebe Leser, würden Sie sich für die mehr feministisch bestimmten Lehrerinnen entscheiden, die in der ersten Empörung eine saftige Tracht Prügel (privat) oder zumindest eine harte Schulstrafe für die kleinen »Machos« forderten, die später »genau diese Vergewaltigungen auch wirklich ausführen« würden, die die brutalste Form männlicher Gewalt darstellen? Also, für wen entscheiden Sie sich?

Lassen Sie sich mit Ihrer Entscheidung ruhig Zeit, meine Leser, die Schule in Berlin-Neukölln diskutiert auch heute noch, und nur die Mädchen und Jungen werden langsam älter und aggressiver. Und man kann auch keinesfalls sicher sein, daß alle von ihnen dann mit ihren Aggressionen zu Greenpeace gehen. Der Weg in die nächste Autonomenkneipe oder zum nächsten Skinheadtreff ist näher.

Die drei Nachgeburten der APO

Damals, im Jahre 1968, schien alles für die Ewigkeit verändert zu sein. Ein heute nicht mehr vorstellbarer Optimismus, aber auch ein kulturrevolutionärer Elan wollte alles Bisherige umkrempeln. Um jeden Preis. Einige dieser Änderungen haben sich durchgesetzt. So versuchte man damals in Akademikerkreisen besonders ruppig und derb-ordinär aufzutreten, eben so, wie man sich das »Proletariat« vorstellte. Wenn möglich sprach man im Randgruppenslang, im Knastjargon. Bloß nicht gepflegt und differenziert reden. Man trug die Haare lang und wusch sie nach Möglichkeit nicht. Die Jeans mußten ungewaschen und zerrissen aussehen. Ging das nicht schnell genug, jagte man die Hosen zwanzigmal zusammen mit Soda durch die Waschmaschine, oder man schnitt Löcher hinein. Die Modeindustrie entwickelte wenige Jahre später die Strubbelfrisur und die ausgefransten Jeans als modische Accessoires.

Man sagte sehr oft und bei jeder Gelegenheit »Scheiße«, »beschissen«, »kacken«, »knacken«, »bumsen«, »vögeln«, »Schwanz« und »Möse«. Die Jungfilmer und Schriftsteller und Theatermacher verwursteten nach ein paar Jahren auch diese revolutionäre Änderung zur Mode. Man sprach alles ein bißchen laut und aggressiv aus, wie ein Kind, das jahrelang in einem besonders strengen Haushalt gelebt hat und nun plötzlich immerzu »Arschkanone« sagt. Bürgersöhne und Bürgertöchter, jahrelang zu höflichem Benehmen und fast steriler Sauberkeit erzogen, spielten jetzt im Baggermatsch Pißkaulchen oder hielten ihre Kinder dazu an.

Man wühlte alles um, mit vollen Händen, stellte alles in Frage, fragte nach jedem Satz »warum?« oder »muß das sein?«. Man hatte ja mit der Scheu vor den Autoritäten auch die Hemmungen verloren. Antiautoritär nannte sich die Bewegung. Sie war wahrhaftig kein Sklavenaufstand, keine Revolution der Ausgebeuteten und Entrechteten. Sie war eine Bewegung im »Überbau«, eine Kulturrevolte, die auftauchte und bald wieder verlöschen sollte wie ein Komet.

Aber diese einmalige Lichterscheinung hinterließ eine veränderte Umwelt. Kein Stein mehr auf dem anderen, kein Begriff, kein Mensch, der sich nicht verändert hätte. Nicht nur die Studentenschaft, die Professoren, die Universität, auch die Literatur, die Kunst, die Musik, das Theater, der Film, Wohnen, Städtebau, Umgangsformen – alles und jedes hatte sich verändert, ist bis heute verändert geblieben, ob zum Besseren, ist die Frage. Selbst die Gegner der Bewegung, Konservative, Bauernverbände, Burschenschaften, Berufssoldaten, Polizisten, CDU- und sogar CSU-Funktionäre sahen anders aus, kleideten sich anders, redeten anders, hatten sich nach diesem einmaligen, kurzen Induktionsstrom, der in diesem Jahr durch die Gesellschaft fuhr, gewandelt.

Dann war alles vorbei. Der SDS, der der Träger der Bewegung gewesen war, löste sich im Frühjahr 1969 überraschend selbst auf. Ganze Organisationen, Initiativen, Massenbewegungen hörten innerhalb von Tagen auf zu bestehen. Doch das Auftauchen und der Zerfall dieser seltsamen Energie-Entladung hinterließ Spuren. Gleich einem Meteoritengürtel nach einer Planetenkatastrophe zeugten eine Unzahl unentsorgter, gefährlicher Überbleibsel von dem einmaligen großen Impuls. Der Schoß der Bewegung, die es bald nicht mehr gab, war noch fruchtbar für Mißgeburten – drei Bastarde traten hervor, fratzenhafte Zerrbilder einer einst gutgemeinten Sache. Sie alle beriefen sich auf die Achtundsechziger und gaben vor, das gleiche Ziel zu haben, nämlich die Befreiung von

Zwängen, mehr Humanität und vor allem eine neue, bessere Welt zu schaffen: die Drogenapostel, die Terroristen und der Feminismus. 1969 traten sie zum ersten Mal in Deutschland öffentlich auf. Langsam zeichneten sich ihre Umrisse deutlicher ab. Wir haben es gewußt, gehört und leider auch veröffentlicht:

»Morgens 'n Joint – und der Tag ist dein Freund«
»Hattu Haschisch inne Taschen – hattu immer was zu naschen«

»Burn warehouse burn!«
»Wir jagen Strauß in ein Minenfeld hinein . . .«

Und dann die zynische Kombination von beidem:

»High sein, frei sein,
ein bißchen Terror muß dabeisein!«

Der feministische Beitrag zur Gewaltdiskussion:

»Befreit die antiautoritären Prominenzen
von ihren autoritären Schwänzen!«

Keine der drei Nachgeburten der Achtundsechziger, die in den nächsten Jahrzehnten ihre menschenfeindliche Wirkung entfalteten, die nicht in einem Scherzwort, mit einem leicht reimbaren Witzchen dahergekommen wäre.

Nichts, was irgendjemand hätte ernst nehmen wollen. Ohnmächtige Metaphern, dachte man, magische, abergläubische Kinderverse, Höhlenmalereien, die den bösen Geist vertreiben sollen, Stricknadeln in der Puppe des Medizinmanns. Aber auch schon Axel-Springer-Puppen aus Stroh über Feuer, Strauß-Puppen in Flammen, Bücher und Zeitungen auf dem Scheiterhaufen, Kapitalisten-Puppen am Galgen. Symbolzauber? Jahre später »Hinrichtung« für Schleyer und Rohwedder. Schilder um den Hals für frauenfeindliche Rechtsanwälte – aber auch früher schon Schilder um den Hals von Volksschädlingen. Bomben aus Pudding, Raketen mit Konfetti, Attentate mit Mehl und Bettfedern, aber auch früher schon mal Federn und Teeren für »Volksfeinde« und Verräter. Tomaten nur und Eier auf Uniformen und Opernbesucher, aber bald auch Steine und Brandbomben auf Springerhäuser und Warenhäuser und Synagogen und Menschen. 1969 fing es an.

VIERTES KAPITEL:

High sein, frei sein . . .

Neben den Demonstrationen des SDS unter Führung
Rudi Dutschkes, von denen 1968 immer wieder die Rede
war, hörte man bald auch von der »Kommune 1«, die
durch spektakuläre Polithappenings auf sich aufmerksam
machte. Sie traten mal in Pop-Kleidung, mal als Revoluz-
zer kostümiert, mal in geklauten Talaren des Berliner
Rektorats auf, bereiteten ein Pudding-Attentat vor, trugen symbolisch Särge herum und wurden vor allen Dingen durch ein die linksliberale Presse zu Begeisterungs-
stürmen hinreißendes Justizhappening (»Stehen sie auf,
Herr Angeklagter!« – »Na ja – wenn's der Wahrheitsfin-
dung dient«) bekannt. Schon früh erklärten die Kommunarden, die in freier Wohn-, Schlaf- und gelegentlich auch
Beischlafgemeinschaft lebten, daß ihre »Orgasmus-
schwierigkeiten« sie mehr interessierten als die Politik. Sie
sollten Haschisch rauchen und Maoisten sein. Grund genug, mich als Chefredakteur einer linken Zeitschrift für
diese linken Paradiesvögel zu interessieren. Obwohl der
SDS gerade einen Ausschlußantrag gegen die Kommune 1
betrieb, konnte mein Freund Rudi Dutschke mir den Zugang zu der exklusiven Gesellschaft vermitteln, die Inter-
views – beispielsweise für den *Stern* – nur gegen hohe
Geldbeträge erduldete. Dutschke, der mich nur bis zur
Haustür begleitete, hatte mich vorgewarnt, aber die Wirklichkeit übertraf meine schlimmsten Befürchtungen. Ich
erlebte eine arrogante, den von außen Kommenden herab-
lassend und feindselig behandelnde selbsternannte Elite,
die, ausschließlich ihre »Selbstverwirklichung« suchend
und sich selbst bespiegelnd, in den Tag hinein lümmelte.

Der erste Eindruck: Ein fast betäubend scharfer Geruch nach nicht kastrierten Katern und ihren überall verstreuten Duftmarken. Dazwischen Essensgerüche und Duftwölkchen aus Cannabis und Patschuli. Sie aßen gerade, machten aber (zum Glück) nicht den geringsten Versuch, mir etwas anzubieten. Statt dessen sagte einer (Teufel oder Kunzelmann): »Du bist der Mann von Ulrike? Die möcht' ich gerne mal pimpern!« Mal aggressiv, mal nach Art von Hasch-Konsumenten schläfrig-passiv, machten sie den Eindruck von Oberschülern aus einer begüterten Oberschicht, die zuviel Taschengeld und zuwenig Zuwendung erhalten haben. Bei den Wörtern Sozialismus oder Arbeiterklasse verzogen sich ihre Gesichter zu einem herablassenden Grinsen. Dafür hörten sie aber, fünfmal am Tag, wie eine rituelle Handlung, Radio Peking aus einem überdimensionalen Kurzwellengerät. Das war zugleich der einzige Zeitpunkt, an dem die überlaut aufgedrehte Rockmusik (Rolling Stones) abgestellt wurde.

Nach langen Anläufen entschlossen sie sich, mir das gewünschte Interview zu geben, wegen der »Sex-Chose«, sagten sie schließlich. Sie hatten einen sehr kleinen Vokabelschatz damals, und dieser Vokabelschatz gehörte bald zum Bestandteil der Bewegung. Scheiße war das Hauptwort. Substantiv, Adjektiv, Suffix und Präfix in allen möglichen Verbindungen, ersetzte es jede differenzierte Beschreibung:

Orgasmusscheiße, Scheißorgasmus, nur Scheiß im Gehirn, laß doch den Scheiß, unheimlich Scheiße, du redest Scheiße. Dann die Chose: Sexchose, SDS-Chose, Zeitungschose, Geldchose, Weiberchose. Das Wort »unheimlich« hörte ich hier auch zum ersten Mal in der neuen Bedeutung. Wahrscheinlich trat es von hier aus seinen Siegeszug durch die Sprache der Szene an, Dutschke gebrauchte es zunächst nicht. Meist diente es zur Verstärkung des Negativen: unheimlich beschissen, unheimlich scheiß, unheimliche Kacke. Über Sexualität wurde mit betonter Ruppigkeit gesprochen, mit einer Aggressivität, wie sie Halbstarke an den Tag legen, bevor sie ihre erste Freundin kennenlernen. Nicht von neuer Sensibilität und Zärtlichkeit war die Rede, sondern von ficken, pimpern, stoßen, vögeln, bumsen. Auch dieses neue Wort dürfte aus der Knastsprache über die Kommune 1 seinen Weg in die Szene genommen haben. Frauen, wenn es nicht um Kommunefrauen ging (die Dorothea, die Uschi, aber eben auch die Ulrike), wurden nur mit Slangausdrücken für weibliche Geschlechtsteile benannt (die Uni-Fotze).

Sollte jemand einwenden, die sprachliche Verrohung und Reduzierung auf diesen Landserjargon gehöre von Anfang an notwendig zur Achtundsechziger Bewegung, möge er sich fragen, warum er dergleichen nie von Rudi Dutschke gehört hat. Selbstverwirklichung, Drogen und Orgasmus, das waren die Themen der Kommune 1.

Nach Hamburg zurückgekehrt, machte ich aus meiner Abneigung gegen die die Arbeit ebenso wie die Arbeiter verachtende Elite keinen Hehl, was mich mit einem Schlag von einem halbwegs beliebten Linksverleger zu einem autoritären Buhmann werden ließ. Mein Freund Erich Fried schrieb mir, meine Ablehnung gegen die parasitär lebenden Zottelköpfe und Schmuddelkinder beruhe auf meinen »autoritären Strukturen, vermutlich durch anale Fixierung«, und nur eine »Analyse« könne mir zu einem richtigen Verständnis der Bewegung verhelfen. Dennoch beharrte ich darauf, diese Leute nicht zur Linken zu rechnen, sondern sie eher als Agents provocateurs anzusehen.

Die weitere Entwicklung gab mir recht: Auf dem Höhepunkt (und Wendepunkt) der Bewegung, der Demonstration der vierzigtausend Vietnamgegner in Berlin, saßen die sieben Kommunemitglieder glucksend auf der Empore der Technischen Universität und ließen seltsame, handgemalte Spruchbänder herunter, in denen sie die Vietnamkriegsgegner verhöhnten und alle politischen Aktionen für sinnlos und verlogen erklärten, weil sich am psychischen Befinden des einzelnen nichts ändere. Dazu rauchten sie demonstrativ ihre Haschpfeifen. Das war das erste Smoke-in, und es nahm die Entpolitisierung und Privatisierung der ganzen Bewegung vorweg, zu der die Kommune selbst den Auftakt gegeben hatte. Sie waren, in jeder Hinsicht, der Bewegung voraus und hätten schon ohne weiteres eine hedonistische Toskana-Fraktion abgeben können. Damals aber, am Vorabend der Vietnamdemonstration, beachtete niemand die Kommuneclowns und nahm ihre Angebote, high und frei zu sein, nicht ernst. Sie galten als kauzige Randerscheinung, man war mit etwas Wichtigerem beschäftigt: die Welt zu verändern, erst mal jedenfalls in Vietnam. März 1968.

Erregt und beflügelt waren vierzigtausend Studenten in West-Berlin einmarschiert wie in eine eroberte Stadt. Vierzigtausend, das ganze Aufgebot des antiautoritären Lagers, verstärkt durch junge Engländer, Franzosen, Amerikaner, Holländer, Finnen und Schweden. Es war der Höhepunkt der Bewegung und ihre größte Heerschau. Es waren große Zeiten. Niemand würde sie aufhalten können, dachten sie. Und tatsächlich: niemand hielt sie auf. Zwar standen in den Straßen rund um den Kurfürstendamm viele Hundertschaften der Polizei bereit, alle gepanzerten Fahrzeuge und Wasserwerfer, die West-Berlin aufbringen konnte.

Die Vierzigtausend bereiteten sich auf die schwerste Straßenschlacht ihres Lebens vor. Doch irgendein kluger Polizeipsychologe muß damals irgendeinen klugen Senatsbeamten überzeugt haben: Man ließ den unübersehbaren, vollkommen gewaltlosen Zug marschieren. Die Straße war frei, und der ganze breite Kurfürstendamm wurde überschwemmt von einem Meer von Transparenten und überdimensionalen roten Fahnen und Vietcongflaggen, Ho-Tschi-Minh- und Che-Guevara-Bildern. Scheinbar endlos war der Zug, der in breiten Zwölferreihen von der Gedächtniskirche aus über den Ku'damm rollte. Die Kaffeetanten im »Kranzler« räumten entsetzt ihre Positionen, und die Geschäftsinhaber ließen die Rolläden herunter. An den offenen Fenstern standen Berliner Bürger, teils entgeistert, teils mit Entsetzen in den Augen, als sei soeben die Rote Armee einmarschiert. Niemand, der an diesem Nachmittag noch »Kommunistenschweine« oder »Geht doch nach drüben!« zu rufen gewagt hätte.

Dann machte irgendeine ausländische Gruppe den Anfang, und besonders die Führungsreihe mit Dutschke, Salvatore und Lefèvre nahm die neue Mode aus dem Ausland begeistert auf: Die erste Reihe eines Marschblocks bleibt einen Augenblick stehen, hakt sich unter, die Fahnenträger vorneweg. Fest ineinander verhakt, springt die ganze Reihe zusammen im Wechselschritt nach vorn, etwa hundert Meter, zu dem skandierten, laut anschwellenden Sprechgesang: »Ho – Ho – Ho Tschi Minh! Ho - Ho – Ho Tschi Minh!« Dann bleibt die erste Gruppe stehen, und der nächste Block folgt in der Springprozession. Wie viele Wellen von hundert oder zweihundert Leuten können Vierzigtausend bilden? Eine Flut.

Freilich, was sie überspülte, war nur der leergeräumte Ku'damm, was sie erschütterte, war nur die reine, von Autoabgasen freie Berliner Vorfrühlingsluft. Dennoch bestand bei allen das Gefühl, jetzt den ganzen »Imperialismus« hinwegfegen zu können, so laut, so lustig, so aus der

Puste bringend war die Laufprozession, so fest geknüpft schien die Gemeinschaft der untergehakten Arme, so alle Zweifel übertönend das »Ho – Ho – Ho Tschi Minh«. Es war ein Rausch, ein schöner und reiner, drogenfreier Rausch, und keiner schelte mir den Mann, der daran teilnahm und nicht teilnahmslos blieb: der im »Nonkonformismus« alt und einsam gewordene Kuby, der schon fast resignierte Neuss und der herzkranke, kurzatmige Fried, der nach kurzer Zeit aus dem Springlauf ausscheiden mußte, sich verpustete und wieder im nächsten Zug mitsprang (der Verfasser sprang nicht. Er behielt seine unüberwindliche, 1939 ausgebildete Abneigung gegen Massenaufmärsche). Aber selbst die abgebrühten *Stern-* und *Spiegel*-Leute, die am Rand standen und Aufnahmen schossen, waren außer Rand und Band und schrien mit: »Ho – Ho – Ho Tschi Minh!« und winkten sich zu und versicherten sich immer wieder: »Was für ein Tag!«.

Aber noch war nicht aller Tage Abend, schon dieser Tag brachte eine Ernüchterung. Alle standen nach stundenlangem Laufen und Hüpfen und Marschieren auf einem großen Platz, von einem Lautsprecherwagen sprachen die Autoritäten der antiautoritären Bewegung. Da passierte es. Es sollte die Krönung werden, ein spontanes Signal des Sieges. In der Nähe der dicht gedrängt stehenden Massen war eine Großbaustelle, und ein riesiger Baukran, wie er für Hochhausbauten verwendet wird, stand mittendrin. Sein Schwenkarm war weit in den Himmel gereckt, vom Erdboden aus mochten es 30, 40 Meter sein, uns schien es schwindelerregend hoch. Denn plötzlich begann ein einzelner junger Mann auf den Kran zu klettern, zuerst schnell, weil es da noch eine Leiter gab, dann, auf der schwindelnden Höhe des Greifarms, wurden seine Bewegungen langsamer, vorsichtiger. Eine Strebe nach der anderen zielbewußt abtastend und nachgreifend, kam er höher. Es war während der Rede Rudi Dutschkes. Dutschke unterbrach mehrmals seine Rede und ließ seine Stimme, vielfach verstärkt, über den Platz schallen: »Genosse, wir bitten dich, komm sofort herunter, es ist lebensgefährlich. Wir bitten dich, sofort da herunterzukommen!« Vergeblich, der »Genosse« stieg und stieg. Der Redner hielt den Atem an. Die Menge wurde ganz still – noch eine Strebe und noch eine – man konnte sehen, wie die winzige Gestalt bisweilen anhielt und sich wegen der Kälte in die Finger hauchte – und dann, unter dem vieltausendstimmigen Jubel der Massen, entfaltete der junge Mann, dessen Name nicht überliefert ist, eine riesige Vietcongfahne und befestigte sie an der höchsten Spitze des Krans.

Doch das war nicht das Ende der Geschichte. Die Redner setzten ihre (langen) Reden fort, der todesmutige Genosse ließ sich langsam wieder den Kran hinab. Kaum aber hatte er den Kran verlassen, als sich erst zwei, dann drei neue Gestalten in die schwindelnde Höhe nach oben bewegten. Doch schneller kamen sie voran, routinierter und gelenker erkletterten sie den Schwenkarm bis zur Spitze. Wollten sie weitere Fahnen oder Transparente anbringen? Jeder dachte das. Doch weit gefehlt. Es waren offenbar Berliner Jungarbeiter. Oben angekommen, zerschnitten, zerrissen sie die Fahne, ließen den Rest in Flammen aufgehen, und die Vierzigtausend da unten mußten unter ohnmächtigem Stöhnen und wütenden Pfuirufen mit ansehen, wie die Fetzen der brennenden Fahne über ihren Köpfen herabtrudelten. Die »Arbeiterklasse«, hier sicher spontan handelnd, hatte ihre Zusammenarbeit mit der Revolution verweigert. Über den Slogan »Jeder, der den Springer liest – auch auf Vietnamesen schießt« (Neuss) hatte der Gegenspruch »Laßt Bauarbeiter ruhig schaffen – kein Geld für langhaarige Affen!«

(BZ-Leserbrief) deutlich triumphiert. So wurde die machtvollste Heerschau der Achtundsechziger auch zugleich zu ihrem Wendepunkt.

Kurze Zeit später wurde Rudi Dutschke durch einen Revolverschützen schwer verletzt und damit die Bewegung ihrer einzigen integrierenden Führungskraft beraubt. Kein Geheimagent einer feindlichen Großmacht hätte so zielsicher den Schuß auf den wichtigsten Mann im wichtigsten Augenblick abgeben können wie der ungebildete, unpolitische Bachmann. Dutschke, der zu einem »langen und mühseligen Marsch durch die Institutionen« aufgerufen hatte – womit er langfristig den größten Erfolg dieser Bewegung vorbereitete –, rang mit dem Tode.

Zweit- und drittrangige Propheten traten an seine Stelle. Propheten, die nicht versprachen, aus Steinen Brot zu machen, aber Argumente aus Steinen und Brandsätzen. Apostel, die nicht vom Heiligen Geist erfüllt waren, sondern von Haschisch und LSD – Steinepropheten und Drogenapostel. Die Bewegung zerfiel. Wie sie zerfiel auch die Kommune 1 in ihre beiden widersprüchlichen Elemente: in die Pop- und Drogensubkultur, der Langhans und Uschi Obermaier treu blieben, und die alte Viva-Maria-Romantik von Bomben, Feuer und Terror, von der Teufel und Kunzelmann sich angezogen fühlten. Die weit größere – nur scheinbar gefahrlosere – Anziehungskraft übten aber die aus Amerika kommenden Drogenpropheten aus.

Während die Gewaltfraktion als RAF in den Untergrund ging, breitete sich der Drogenkonsum, mit publizistischer Unterstützung besonders der in Hamburg ansässigen linksliberalen Medien wir *Spiegel*, *Stern* und *Zeit* zu einer Massenbewegung aus. Die Wirkung war eine geradezu kriminelle Verharmlosung der Drogen. Eine Pilotfunktion aber hatte am Anfang natürlich *Konkret*. Verantwortlich: Klaus Rainer Röhl.

Es ist keine Entschuldigung, daß wir diese Tendenz damals mit der *Zeit* teilten. Noch im September 1969 brachten wir einen Artikel unter dem neckischen, die Gefährdung verniedlichenden Titel »Haschu Haschisch inne Taschen – haschu immer was zu naschen«. Wird Haschisch erlaubt? Eine Diskussion, damals angestoßen, die 1994 noch nicht ausgestanden ist. Wir fordern, natürlich, die Aufhebung des Verbots. Der Lübecker Richter, der 1993 eine Freigabe von Haschisch in erster Instanz billigte, war damals vielleicht Oberschüler. Vielleicht – sicher! – las er damals *Konkret*. Seine heutigen Argumente standen in meinem Blatt: Das Haschischverbot ist grundgesetzwidrig. Haschisch ist ein Genußmittel, das weniger schädlich ist als Alkohol. Haschisch macht nicht süchtig. Dagegen baut es Aggressionen ab und löst seelische Verkrampfungen, ohne hinterher eine dumpfe Betäubung zu hinterlassen. Wie wahr. Die dumpfe Betäubung, die verglasten, gleichgültigen Augen, die verzögerte, nölige Redeweise, die »cool« genannte Interesselosigkeit an allen öffentlichen Angelegenheiten trat nicht erst nach dem Konsum auf. Wir sahen sie noch oft genug in den Augen der jungen Studenten und später bei unseren Kindern.

Die Geschichte der Zeitschrift *Konkret* ist die unserer Fehler und späteren Selbstkorrekturen. Gewaltig und folgenschwer waren unsere Fehler und ebenso gewaltig unsere Anstrengungen, sie später zu korrigieren. Jede Korrektur wurde erst nach bitteren Erfahrungen und Rückschlägen vorgenommen. Die Gewalt und der Psychoterror gegen Andersdenkende, über den bei uns einmal gestanden hatte, daß er eine neue, höhere Qualität des politischen Kampfes sei, verstanden wir erst, als sich die konzeptionslose, blinde Zerstörungswut gegen uns selber, unsere Arbeitsplätze und Privatwohnungen richtete. Die gefährlichen und dilettantischen »Menschenversuche« – fragwürdig wie alle Menschenversuche – in den ersten Kinderläden, die von uns unkritisch bejubelt worden waren, wurden mir erst fragwürdig, als ich sah, wie meine eigenen Kinder oder die meiner Freundin Dietlind Krüger lebten: schlecht. Auch in der Frage des Konsums von »harmlosen« Drogen mußte ich erst Anschauungsunterricht in der eigenen Familie erhalten. Anja, die Tochter aus der ersten Ehe, das Kind, das im gleichen Jahr und Monat geboren wurde wie *Konkret*, schreibt seltsame Briefe aus dem Internat. Sie ist vierzehn Jahre alt. Haschischkonsum ist in diesem Jahr bei den Jugendlichen selbstverständlich, besonders in einem Internat, wo ohnehin fast alles verboten ist. Sie ist anlehnungsbedürftig, macht die Bekanntschaft eines älteren Jungen, der bereits »schießt«, auch »dealt«, um seinen wachsenden Konsum zu finanzieren, ist also in gefährlicher Nähe der Drogenszene. Ich fühle mich hilflos. Es nützt nichts, daß ich selber keine Drogen nehme, nie in meinem Leben auch nur welche probiert habe, höchstens mal abends ein Bier trinke. Aber in meiner Zeitung hat ja gestanden: Haschisch ist weniger gefährlich als Alkohol. Ich sehe, daß nicht nur meine Tochter sich verändert, in den Leistungen abfällt, sondern die ganze Schülerbewegung stumpf wird, entpolitisiert, gleichgültig und träge, politisches und geistiges Interesse sich auflöst in leichte Cannabiswölkchen. Selbstverwirklichung nannte sich das, damals und heute.

Im Februar 1970 veröffentliche ich den Artikel »Hasch macht dumm«: »*Bild* macht dumm«, hieß eine der Losungen der Anti-Springer-Demonstrationen, deren Spontanität und Massenhaftigkeit die Gesellschaftsinhaber erschreckte und unsicher machte. Aber der Zorn auf

Springer war nicht groß genug. Die Empörung über das Attentat, das den wichtigsten Kopf der Neuen Linken ausschaltete, hielt nicht an. Die Bewegung verebbte. Zurückgetrieben von den Polizeisperren und Stacheldrahtverhauen vor den Springerhäusern und Justizpalästen, die in einem Ansturm von drei Ostertagen nicht zu nehmen waren, ging man nach Hause, haute sich aufs Sofa und stopfte sich ein Pfeifchen. Und siehe da: Nachts um 3 Uhr ist die Welt seitdem wieder in Ordnung. Statt *Bild* macht jetzt Haschisch dumm.

Übertreiben wir? Verwechseln wir Ursache und Wirkung? Ist nicht die Flucht in das Reich der »verstärkten sinnlichen Wahrnehmung« nur Ausdruck der Neuen Linken? Chemie im Dienst der Herrschenden gab es immer. Drogen als Ersatz für die Wirklichkeit, Opium für das Volk verabreichen die Herrschaftsinhaber ihren Gegnern und den Feinden im eigenen Land: ihren Untertanen. Haschisch bekamen die Selbstmordkommandos der Rechtgläubigen – einst und jetzt. Alkohol gab es vor jeder besseren Schlacht. Rum gibt es, wenn das Schiff untergeht. Der Haschischtrank Bhang täuscht Millionen Inder über ihren langsamen Hungertod hinweg. Vom Opium gelähmt, dessen freie Einfuhr durch einen Krieg erkämpft wurde, sahen Chinas Volksmassen der Ausplünderung ihres Landes durch fremde Mächte zu. Feuerwasser ließ den Widerstand der amerikanischen Indianer gegen die Enteignung ihres Landes im Dauerrausch auflösen.

Einige der Nervengase, die die amerikanische Polizei erprobt, um aus militanten Demonstranten friedliche Staatsbürger zu machen (Schöne neue Welt: »Ein Kubikzentimeter vertreibt tausend Miesepeter ...«), gleichen in ihrer Wirkung bewußtseinsverändernden Drogen wie LSD, Mescalin und Haschisch. Wird es eines Tages nicht mehr nötig sein, Tränengas gegen Krawalle zu verschießen? Kommt der Haschisch-Werfer aus der Polizei-Sprühkanone?

»Haschisch löst keine politischen Probleme. Haschisch löst auch keine privaten Probleme. Hasch macht dumm.« Das gab erst einmal Luft. Half aber noch nicht endgültig. Eine Diskussion war begonnen worden, mehr nicht. Immer noch galt in weiten Teilen der Linken, besonders in den nachwachsenden Jahrgängen der Schüler, der Genuß von Rauschgift oder, wie es damals verharmlosend hieß, das »Experimentieren mit bewußtseinserweiternden Drogen« als schick, zumindest als Durchgangsstadium, das niemand schaden könne.

Als im Sommer 1971 die ersten Todesfälle jugendlicher Fixer bekannt wurden, fühlte ich mich persönlich angesprochen. Waren wir nicht mitschuldig geworden mit unserer blödsinnigen »Legalize pot!«-Kampagne und unseren fahrlässigen Scherzchen à la »Hattu Haschisch inne Taschen?« Jetzt mußte ein deutliches Signal gesetzt werden. Ich veröffentlichte einen noch viel schärferen, auch selbstkritischen Artikel: »Genossen, wir haben Scheiße gebaut!« Am Ende dieses Artikels rief ich zum ersten Anti-Drogen-Kongreß der Linken auf, meines Wissens dem ersten Anti-Drogen-Kongreß überhaupt. Vom 18. bis 19. März 1972 fand er in den Räumen der Universität Hamburg statt und war mit zweitausend Teilnehmern und prominenten Rednern aus allen Lagern der Linken ein großer Erfolg. Sein Motto hieß »Sucht ist Flucht«. Ohne Übertreibung kann ich sagen, daß nach diesem Kongreß Drogen für die organisierte Linke und ihre Anhänger kein Thema mehr waren. Radikale Splitterparteien wie die damals die Diskussion beherrschenden K-Gruppen ahndeten Drogenkonsum sogar mit Parteiausschluß. An ihrem sang- und klanglosen Verschwinden änderte das allerdings nichts.

Die Drogenwelle unter Studenten und Oberschülern hatte jedenfalls ihren Höhepunkt überschritten. Die Dealer aber, die ja weiter ihre klägliche Existenz bestreiten mußten, suchten und fanden neue Absatzmärkte unter subkulturellen und sozialen Randgruppen, die sie bis heute bedienen und täglich zu erweitern suchen. Das große Elend und das große Geschäft begannen erst jetzt, nachdem die leichtfertige intellektuelle Diskussion die Büchse der Pandora geöffnet hatte. Das Elend der Drogensüchtigen wurde unter dem zynischen Interesse der linksliberalen Zeitschriften und Illustrierten, allen voran die *Zeit* und der *Spiegel*, die an der Verharmlosung der Todesdrogen einen nicht geringen Anteil gehabt hatten, sentimental vermarktet. Die Kinder vom Bahnhof Zoo füllten die Kassen der linksliberalen Meinungskonzerne.

Heute hat der »Lange Marsch durch die Institutionen« auch die Entscheidungsgremien der Regierungen und der höchsten Gerichte erreicht. Die Botschaft von der gefahrlosen, sanften Droge Haschisch, der Hinweis darauf, daß Alkohol und Nikotin »viel schädlicher« für den einzelnen und die Volksgesundheit seien; die Irrlehre, Haschisch und LSD seien keine Einstiegsdrogen, meist nur aus der Privaterfahrung des achtundsechziger Experten herrührend, aber von jeder Kriminalstatistik widerlegt; die durch nichts begründete, aber immer häufiger publizierte Behauptung, man müsse den gesamten Drogenkonsum freigeben, um ähnlich wie bei der Prohibition die Beschaffungskriminalität wirksam bekämpfen zu können; die Meinung, auch der Besitz kleinerer Mengen von Kokain und sogar Heroin müsse straffrei bleiben, damals in linken Zirkeln und oberflächlichen Zeitschriftenartikeln in die Welt gesetzt, haben heute das höchste Gericht der Bundesrepublik erreicht, werden vom Innenministerium des größten deutschen Bundeslandes Nordrhein-Westfalen eilig in die Tat umgesetzt – zum Schaden aller, wenn nicht ein neues Bundesgesetz die neuen Menschenexperimente stoppt, bevor in zwanzig Jahren die Drogentoten sich verzehnfacht haben werden.

Kleine Mengen straffrei? Das bedeutet explosionsartiges Anwachsen der Erstkonsumenten, deren Anzahl ohnehin von Monat zu Monat zunimmt. Denn die Drogenkartelle und ihr Zwischenhandel, deren Verkäufer nun auf allen deutschen Straßen, Plätzen und Parks ungehindert ihren Geschäften nachgehen können, werden Produktion und Absatz nun ungehindert ins Unermeßliche steigern können.

Diese kriminellen Organisationen nach dem Vorbild der amerikanischen Prohibitions-Aufhebung ganz zerschlagen zu können (was ohnehin nur hieße, sie in andere mafiose Bereiche abzudrängen), würde bedeuten, den Konsum und Vertrieb von Kokain, Heroin und Crack gänzlich freizugeben, vielleicht mit der Auflage, auf die hübsch verpackten Koksbeutel oder die Großpackung Heroin, mit Spritzen und Hygieneset einen möglichst klein gedruckten Satz zu schreiben: »Das Gesundheitsministerium teilt mit: Fixen schädigt die Gesundheit. Diese Menge entält 0,5 g reines Heroin« oder die von niemandem ernstzunehmende Aufforderung, diese Glücksbringer nicht an Jugendliche unter sechzehn zu verkaufen, oder einfach die Aufschrift: »Zu Risiken und Nebenwirkungen fragen Sie Ihren Arzt oder Ihren Apotheker.« Aber bitte nicht das Innenministerium in Nordrhein-Westfalen oder die Redaktion der *Zeit*.

Schon erscheint das hedonistische Lifestyle-Magazin *Tempo*, seit seiner Gründung mit dem aufregenden Problem beschäftigt, welche Sorte Crack oder Kokain am besten zuträglich ist und wie und wo man den besten und saubersten Stoff bekommt, mit der Titelstory über den Rauschgiftmarkt in Deutschland: »Haschisch in Deutschland – wie was wo?« Der gleiche Kreis post-achtundsechziger Drogenexperten verlangt für die Opfer dieses schicken »russischen Rouletts« ständig neue Therapieplätze und beschimpft den »Staat«, der nicht genügend Geld dafür zur Verfügung stellt. Konsequenter zynisch wäre es, die Bereitstellung von mehr Irrenhausbetten oder Friedhofsplätzen für die nicht mehr zu heilenden Opfer zu verlangen. Der einst scheinbar so humane Ansatz der Selbsterfahrung, der Selbstverwirklichung und der Selbstverantwortung für alle erweist sich in der Wirklichkeit als ein sozialdarwinistischer Machiavellismus: Die Besten bleiben übrig. Nur ein glückliches Elternhaus schützt gegen Mißbrauch der Drogen, für den nicht so glücklichen Rest braucht man eben Therapieplätze. Sonst aber gilt der bereits 1968 vorgeblödelte Spruch: »Hattu Haschisch inne Taschen (in Hamburg bis zu 30 g frei und 1 g Kokain, in Nordrhein-Westfalen »nur« 10 g Cannabis und 0,5 g Kokain oder Heroin) – hattu immer was zu naschen!«

Morgens 'n Joint, und der Tag ist dein Freund. Hasch in der Jugend hat noch niemand geschadet, im Gegenteil, bei vielen hat es auch zur Bewußtseinserhellung und viel unverkrampfterer Einstellung zur Welt geführt, heißt es. Bei vielen Medienmachern und Politikern leider auch zu einer weichen Birne, deren Resultate sich in Fernsehsendungen, Leitartikeln, Gerichtsurteilen und Regierungsentwürfen niederschlagen. 1968 erdacht – 1994 gemacht.

Für uns war damals, 1970, die Kurskorrektur in bezug auf die Drogenverharmlosung bereits abgeschlossen – unter schweren Kämpfen und Auseinandersetzungen. Fünfzehn Jahre war die Zeitschrift *Konkret* nun ihren Weg gegangen unter wechselnden Frontlinien, Irrtümern und Einsichten, Erfolgen und Verlusten. Doch die schwerste

Krise stand uns erst noch bevor. Gegen das, was uns nun erwartete, waren alle bisherigen Hochs und Tiefs, alle Irrwege und Umwege unbedeutend. Die Gewaltdiskussion hatte sich verselbständigt. Aus dem Dunkel der Geschichte und dem Nebel der immer hektischer werdenden diffusen Diskussionen trat eine kleine Gruppe von Menschen hervor und beendete eine ganze Epoche voller Aufbruchstimmung, Spaß und Optimismus: die »Rote Armee Fraktion«. Das Fest war zu Ende.

FÜNFTES KAPITEL:

... etwas Terror muß dabeisein

Als Rudi Dutschke, weitsichtiger als seine Mitkämpfer und durch sein Vermächtnis auch nach seinem Tode wirkungsmächtiger als alle anderen, zu ahnen begann, daß die Bewegung ohne eine Basis in der Arbeiterschaft »militärisch« nicht siegen könne (was sich nach dem Attentat auf ihn auch durch die Ereignisse in Frankreich bestätigte), gab er die bis heute folgenreichste Parole aus: die vom »langen, mühevollen Marsch durch die Institutionen«.

Die Antwort der revolutionären Ungeduld kam prompt: »Feuer unterm Arsch – verkürzt den langen Marsch!« schrieb *883*, das ja auch, wie schon erwähnt, nach dem Tode Benno Ohnesorgs geschrieben hatte: »Wir schießen zurück!« Damit waren die künftigen Schlachtlinien abgesteckt. Für *883*, das etwas wirre und unregelmäßig erscheinende Sprachrohr der »umherschweifenden Haschrebellen«, war jedoch mit »Feuer unterm Arsch« nicht viel mehr gemeint als ein gelegentlicher Molotowcocktail auf ein Springer-Auto oder dergleichen. Doch die Wirklichkeit eilte den theoretischen Diskussionen weit voraus.

Am 14. Mai 1970 feiern wir den 15. Jahrestag der Zeitschrift *Konkret*. Der Tag ist willkürlich festgelegt, weil niemand sich mehr erinnert, an welchem Tag im Mai 1955 genau die erste Nummer des *Studentenkurier* (der ursprüngliche Name von *Konkret*) erschienen ist. So wählen wir einfach einen Tag: Samstag, den 14. Mai. Es ist ein stolzes Fest, für das unzählige Kisten Sekt in die Redaktionsräume im vierten Stock in der Gerhoffstraße geschleppt werden. Alle, alle sind geladen an diesem Tag. Auch alle ehemaligen, freiwillig gegangenen oder gekündigten Mitarbeiter des Blattes. Also auch Ulrike Meinhof, die Kolumnistin, die vor einigen Monaten demonstrativ ihre Mitarbeit eingestellt und versucht hatte, mit einer Gruppe Berliner Anarchisten das Blatt zu stürmen (vgl. Kapitel eins) und soeben für den Südwestfunk ihr erstes Fernsehspiel fertiggestellt hat: »Bambule«[4]. Alle sollen uns willkommen sein, auch die Putschisten. Alle haben heute Generalpardon, ein neuer Redaktionsputsch ist nicht in Sicht. Die Auflage entwickelt sich günstig. Der Wind der Geschichte bläst in die richtige Richtung.

Um 15 Uhr erheben wir die Gläser. Die meisten Hamburger Kollegen sind gekommen, viele Publizisten und Schriftsteller. Ich begrüße die Gäste, sage ein paar Sätze. Da tritt eine Sekretärin auf mich zu und sagt: »Anruf von dpa. Es ist eben im Radio gemeldet worden, daß Andreas Baader mit Waffengewalt aus dem Gefängnis befreit worden ist, es soll einen Toten gegeben haben. Ihre Frau war dabei. Sie ist auf der Flucht. dpa möchte eine Stellungnahme.« Es war nicht meine letzte Stellungnahme in dieser Sache.

Alle waren wie vor den Kopf geschlagen. Man verabschiedete sich rasch. Ein bemerkenswertes Jubiläum für *Konkret*. Mein erster Gedanke waren die Kinder. Unsere siebenjährigen Zwillingstöchter. Ich mußte sofort nach Berlin und die Kinder in Sicherheit bringen. Die nächsten Nachrichten, die durchgegeben wurden, besagten, daß der niedergeschossene Bibliotheksangestellte zwar noch lebe, aber wegen eines Leberstecksschusses mit dem Tode ringe. Eine bundesweite Fahndung nach Ulrike Meinhof sei angelaufen. Bundesweit wurden Plakate mit ihrem Steckbrief gedruckt: Mordversuch in Berlin. Gesucht: Ulrike Meinhof.

Es ging kein Flugzeug mehr in dieser Nacht. Anrufe bei Berliner Bekannten blieben ergebnislos. Angeblich hatte keiner eine Ahnung, wo die Kinder hingebracht worden waren. Morgen früh würde ich nach Berlin fliegen und die Kinder suchen. Ein früherer Mitarbeiter von uns, Jürgen Holtkamp, KP-Genosse und Auslandsredakteur bis 1964, verabschiedete sich nicht sogleich. Er trank noch ein Glas mit mir und gratulierte mir zu den fünfzehn harten, aber erfolgreichen Jahren. Er sah mir unbefangen in die Augen und lächelte wie in all den Jahren. Es ist eigentlich kein richtiges Lächeln, mehr ein Blinzeln oder Grinsen, wahrscheinlich nichts weiter als ein Ausdruck von Verlegenheit, den er sich nie ganz abgewöhnen konnte. Er wünsche mir sehr, sagte er, daß ich morgen in Berlin meine Kinder finde. Er wußte, wo meine Töchter waren. Bei ihm in Bremen.

Später stellte sich heraus, daß er keineswegs der einzige unter den Teilnehmern unseres Jubiläumsempfangs war, der von der ganzen Aktion wußte. Leute aus den Spitzen des Hamburger Establishments wußten Bescheid und machten kein Hehl daraus, daß sie Ulrike bewunderten oder zumindest sympathisch fanden. Den Justizangestellten Linke, der den Lebersteckschuß erhalten hatte, fanden sie wahrscheinlich nicht sympathisch. Selber schuld, warum ließ er den Gefangenen nicht laufen. Die Verwirrung der Geister begann. Die linksliberale Gesellschaft begann sich zu teilen. Ein Teil äußerte Verständnis für Motive der »Roten Armee Fraktion« und wollte höchstens »solidarische« Kritik daran zulassen. Bei den meisten Familien der Linksschickeria wurde es in den nächsten Monaten und Jahren zu einem prickelnden Gesellschaftsspiel, zu erraten, bei wem Ulrike in der letzten Nacht Quartier gemacht hatte, und keiner war da, der der steckbrieflich Gesuchten die Tür gewiesen hätte.

Ein kleiner Teil unserer früheren Freunde, darunter alle engagierten und organisierten Linken, dazu zählten Jochen Steffen ebenso wie Rudi Dutschke, Wallraff ebenso wie Rühmkorf, hielt die Tätigkeit der ersten Stadttupamaros in Europa für schädlich und konterrevolutionär.

Konkret begann, buchstäblich vom Tag der Baaderbefreiung an, mit der tiefgreifendsten und folgenschwersten Kurskorrektur: Als einziges Organ der Neuen Linken nahm sie offen den Kampf gegen Baader und seine Spießgesellen auf, den Kampf um ihre Isolierung und Ächtung bei allen Linken. Ich nahm die Auseinandersetzung persönlich auf. Hatten die Anarchisten geschrieben: Macht kaputt, was euch kaputtmacht!, so forderte ich jetzt die Leser auf: »Macht kaputt, was euch kaputtmacht! Macht den Anarchismus kaputt!«

Um die Zeitung konnte ich mich in den nächsten Monaten kaum kümmern. Am 16. Mai 1970 erhielt ich vom zuständigen Amtsgericht in Berlin das Sorgerecht für die Zwillinge und begab mich auf die Suche. Ich fuhr durch ganz Deutschland und suchte alle Adressen ab. Ich beauftragte eine Agentur mit der Suche nach den Kindern, veröffentlichte ihre Bilder in der Presse, ließ sie in ganz Deutschland von Interpol suchen – als entführt, was, wie sich später herausstellte, auch den Tatsachen entsprach. Wohin ich kam, fand ich nicht einmal eine Spur von ihnen. Statt dessen wurde ich oft bewußt auf falsche Fährten gelenkt. Frankfurter Linke ließen wissen, die Kinder seien in Norwegen, eine Sylter Frauenkommune gab mir geheimnisvoll zu verstehen, die Kinder seien gut aufgehoben, in Frankfurt. Sie gaben die Auskunft und grinsten mich an, wie Jürgen Holtkamp es getan hatte. Nachts zerschnitten sie drei (!) Reifen meines Wagens, nicht ohne vorher ein vorgedrucktes Schild mit irgendeinem unlösbaren Kleister (Gewalt gegen Sachen!) auf die Windschutzscheibe geklebt zu haben: »Frauen erhebt euch – und die Welt erlebt euch!« Ich habe sie erlebt. Ich bewahrte ihrer Menschen- und Kinderfreundlichkeit ein immerwährendes Andenken (vgl. Kapitel sechs).

Mein Bruder und andere *Konkret*-Reporter gingen inzwischen bei anderen Bekannten und in anderen Städten auf die Suche. Am Ende erhielten wir einen heißen Tip, daß die Zwillinge bei Holtkamps in Bremen seien. Wolfgang und Bernd Michels (unser Stasi-Agent!) fuhren vor der Wohnung von Holtkamps in Bremen vor. Natürlich waren Baaders Leute gewarnt. Durch Michels selbst vermutlich oder durch seine Leute, Mielkes Firma. Sozialistische Solidarität. Während sie vorne klingelten, wurden die Kinder hinten durch den Garten herausgebracht und von zwei Gruppenmitgliedern abgeholt. Von nun an waren sie ganz verschwunden.

Monate vergingen. Ich nahm kaum etwas anderes um mich herum wahr. Mein Bruder führte die Zeitung fast allein. Ich war nicht nur durch die Entführung und das ungewisse Schicksal der Kinder getroffen. Ich wollte die Eskalation der Gewalt und die im *Spiegel* (in einem Interview mit der französischen Journalistin Michele Ray) veröffentlichte Erklärung, auf »Bullen« könne geschossen werden, einfach nicht wahrhaben. Vor allem wollte ich nicht glauben, daß Ulrike diese Erklärung – einen Schießbefehl – während eines Kollektivinterviews abgegeben haben sollte. War sie nicht eher gezwungen worden, (moralisch) erpreßt worden, hineingestolpert wie während der Baaderbefreiung und dann mitgegangen? Jetzt war diese »Privatsache«, wie man die Auseinandersetzung zwischen mir und Ulrike beim Kampf um *Konkret* genannt hatte, keine Privatsache mehr. Der Spaß war vorbei. Die Baaderbefreiung, das Schießen auf Menschen und die Entführung von zwei siebenjährigen Kindern veränderten meine Einstellung zu der »Revolution, die Spaß macht«. Die Heiterkeit und Leichtfertigkeit, mit der ich selbst diesen Spaß verkündet hatte, den Spaß beim Aufbau der Schönen Neuen Welt, beim Kampf gegen die Feinde des Sozialismus, die Heiterkeit und Leichtigkeit und die Freundlichkeit vergingen mir. Auch der Zorn gegen das Unrecht verzerrt die Züge. Auch ich konnte jetzt nicht mehr freundlich und heiter sein, nicht mehr distanziert und ironisch. Ich wurde ein anderer Mensch, mir selbst fremd. Die Härte und die Kälte, die jetzt und in den folgenden Jahren nötig gewesen wären, hatte ich auch in den Jahren des Krieges nicht erlernt. Ich hatte ja, 16jährig, nie einen Kriegseinsatz miterlebt. Dieses aber war ein Krieg, und ich war und blieb noch viele Jahre mittendrin. Ich sah, ich habe gesehen, ich habe nicht vergessen.

Später, als der Staatssicherheitsdienst und seine Leute die Zeitschrift, die ich 18 Jahre lang aufgebaut hatte, Stück um Stück demontierten und zerstörten, wurde ich gern ein Mann mit Stehvermögen genannt, ein Stehaufmännchen. Einer, den so leicht nichts umwerfen kann, der immer wieder hochkommt, zäh und nicht kaputtzukriegen. Was aber waren alle Niedrigkeiten und Erniedrigungen, Betrug, Verrat, Abgründe menschlicher Schäbigkeit, die ich beim Endkampf um *Konkret* erlebt habe, die kriminelle Energie, die nötig war, um diesen kräftigen und zählebigen Organismus *Konkret* zu zerstören, bis nichts übrig blieb als der bloße Name, was war alles das gegen das Unvorhersehbare, was jetzt an den Kindern, an mir, an Ulrike vollzogen wurde? Ja, auch an Ulrike vollzog sich etwas Unerhörtes, nicht Vorstellbares, ein Verbrechen.

Eine neue Zeitung konnten wir aufbauen, neue Bücher schreiben, neue Leser und Freunde finden, das alles kostete nur Mühe und Arbeit, Geduld und Zeit. Aber die Illusion unserer Anfänge und unserer Höhepunkte, der Glaube an die schöpferische Kraft des utopischen Sozialismus waren nicht länger am Leben zu erhalten. Mit der gemeinsamen dritten Sache (»er und ich waren zwei / aber die dritte, gemeinsame Sache / war es, die uns einte«), für die auch mal einzelne geopfert werden müssen wie in Brechts »Maßnahme«, stimmte etwas nicht. Die Gelassenheit bei der Nachricht von Todesopfern beim Aufbau einer neuen, besseren Welt wollte sich nie wieder einstellen. Möglicherweise stimmte gar nichts. Die Gewichte verschoben sich. Leichtigkeit beginnt sich als Leichtfertigkeit zu enthüllen. Auf Bullen kann geschossen werden, wird als unvereinbar mit alle Menschen werden Brüder erkannt. Das Leben des einzelnen, zum ersten Mal selbst als gefährdet erlebt, wird höher bewertet als die Schöne Neue Welt, für die es ausgelöscht werden soll. Alles mußte noch einmal neu und von Anfang an durchdacht werden.

Schließlich schrieb ich einen Brief an Ulrike. Ich kannte zwar nicht ihre Adresse, aber ihre Anwälte mußten sie haben. Schily, Ströbele und wie sie eben hießen. Rechtsanwalt Hannover hatte ja auch eine Unterschrift Ulrikes vorgelegt, als er im Auftrag seiner flüchtigen Mandantin versuchte, mir das Sorgerecht für die Kinder streitig zu machen. Ich schickte den Brief an alle diese Adressen, beschwor Ulrike, die Kinder freizugeben, sie selbst wüßte ja, daß sie am besten in ihrer vertrauten Umgebung aufgehoben sein würden, in ihrem Haus, in der Nähe ihrer Großeltern, Onkel und Tanten, ihrer Schwester Anja. Außerdem, fügte ich hinzu, würden die Kinder von einer guten gemeinsamen Bekannten betreut werden, die auch in unser Haus übersiedeln würde: Emma Biermann, Biermanns Mutter, Tochter von »Oma Meume«. Gegen

Emmi, schrieb ich, könne Ulrike nun wirklich nichts einwenden: verdiente »Genossin«, »Arbeiterklasse« von reinstem Wasser, aktive »Kämpferin gegen den Faschismus« und nun – wegen ihres verfolgten Sohns – auch gegen den Stalinismus. Eine integere und intakte Person.

Der Brief blieb ohne Echo. Die Kinder waren nun schon drei Monate verschwunden. Sie würden bereits eine Schulklasse nachholen müssen. Jetzt waren Sommerferien. Während andere Kinder an der See Ferien machten und in der Sonne herumtollten, würden sie im Hinterhof oder im Keller irgendeiner schmuddeligen Anarchistenkommune versteckt gehalten, nahm ich an. Wer anders hätte sie bei dem Fahndungsdruck so lange verstecken können? In Berlin oder Frankfurt wahrscheinlich, da gab es solche halblegalen Gruppen. Alle anderen, freundlicheren, sonnigeren Möglichkeiten schieden aus. Bei den vielen guten Freunden, Bekannten und Verwandten Ulrikes waren sie nicht.

Auch nicht in der DDR, wie mir »Staranwalt« Professor Kaul, mein alter kommunistischer Kontaktmann von früher, Spezialist der Stasi für Westkontakte, glaubwürdig versicherte. Was er verschwieg: Ulrike hatte bereits einen Tag nach der Baaderbefreiung um Unterschlupf in Ostberlin nachgesucht. Man wäre geneigt gewesen, sie aufzunehmen. Sie. Allein. Die Propaganda hätte vielleicht eine Angela Davis aus ihr machen können. Sie hatte ja eine Vita, die sich sehen lassen konnte, die man mit einigen Retuschen als (»konsequent fortschrittlich« hätte hinstellen können. Aber Ulrike sollte sich sofort von der übrigen, der Stasi nur allzugut bekannten Bande Andreas Baaders trennen. Das lehnte sie ab. Statt dessen schob man sie und die später mit ihr in die DDR gekommenen Mitglieder der RAF ab. Man gab ihnen Flugkarten, stattete sie mit Papieren aus, war froh, sie los zu sein.

Mitte August hatte ich die Suche nach den Kindern aufgegeben. Die Fahndung lief weiter. Ich fuhr für ein paar Wochen an die italienische Riviera, nach Ronchi, in der Nähe von Viareggio ist das. Ich fuhr nach Sylt, nicht nach Norwegen, nicht nach Spanien oder Bulgarien – ich fuhr, zufällig, nach Italien.

Ich hatte meinem Büro eingeschärft, niemandem meine Adresse zu geben. Zwei Wochen lang wollte ich keine Journalisten mehr sehen. Die das Haus in Blankenese weiträumig umlungerten, die mir überall in Deutschland ungerührt hinterherfuhren, um mir dann Fragen zu stellen wie: »Was meinen Sie, wo Ihre Kinder jetzt sein könnten? Was würden Sie tun, wenn Ulrike Meinhof plötzlich vor Ihrer Tür stünde?« Also keine Adresse. Ich war keine drei Tage in Ronchi, da lag plötzlich eine Nachricht auf dem Tisch, für mich? Wieso? Sofort Rom anrufen, Numero trecento-quattro-seiserosero: die Nummer unseres Titelbildfotografen in Rom. Am Telefon war Stefan Aust. Aust, den ich von der Schule gleich zu *Konkret* geholt hatte, der bei mir Journalismus gelernt und den Laden zuletzt fast allein geschmissen hatte. Aust, der dann von Ulrike Meinhof überzeugt worden war, daß er nur meine Profitinteressen »verinnerlicht« habe, der gegangen war, aber ohne Zorn, und der nun mit Augstein-Freundin Gisela Stelly sein erstes Fernseh-Feature machte. Aust sagte, die Verbindung war ziemlich undeutlich wie oft in Italien, und er schrie es noch einmal durch den Hörer: »Ich habe die Kinder!« – »Nein«, schrie ich zurück, »das glaube ich nicht.« – »Sie können sie hören«, sagte er, und das piepsige Stimmchen von Regine sagte: »Papi!« – »Kommen Sie schnell die Kinder abholen« sagte Aust, »kommen Sie heute noch, es ist hier zu gefährlich, die Gruppe ist schon hinter uns her und weiß bereits, daß wir in Rom sind, die haben hier mehr Anhänger, als es Polizisten gibt.«

Ich fuhr den ganzen Nachmittag und Abend mit der größten Geschwindigkeit, die der italienische Leihwagen hergab, wühlte mich durch den chaotischen Stadtverkehr von Rom und fand endlich die Piazza Navona, um Mitternacht. Irgendwo zwischen Hunderten von ungeachtet der Uhrzeit umherrollernden Kindern, flanierenden Liebespärchen und malerisch hingelümmelten Hippies entdeckte ich Aust. Wir gingen zu einer kleinen Wohnung, in der irgendwelche deutschen Bekannten wohnten. Ganz hinten, in der Küche, hockten meine siebenjährigen Zwillingsmädchen auf dem Fußboden und malten, scheinbar vertieft in diese Tätigkeit. Sie sahen kaum hoch. Irgend jemand sagte: Papa ist da, er bringt euch jetzt nach Hause. Okay, sagte eine, aber wir müssen noch das Bild zu Ende malen. Sie standen einfach auf und kamen mit. Sie weinten nicht, sie freuten sich nicht. Sie fielen mir nicht in die Arme. Das kam alles erst später.

Wir verließen Rom noch in der Nacht. Aust drängte, es sei zu gefährlich hier, Mitglieder der Gruppe seien hinter ihm her, um die Kinder zurückzuholen, wenn möglich mit Gewalt, in Rom hätten sie ja viele Helfer. So habe ich Rom nur eine halbe Stunde lang gesehen. Von der Riesenstadt kenne ich nur die Piazza Navona. Den Platz aber werden wir nie vergessen.

Die Kinder richteten sich bereits behaglich auf den Hintersitzen ein und lutschten Lollis. Ihre erste Befangenheit (oder die Ungläubigkeit, daß wirklich alles zu Ende sein sollte) war verschwunden. Sie verhielten sich wie Siebenjährige, die man von einem etwas längeren Kindergeburtstag abholt. Sie fuhren mit ihrem Vater nach Hause. Sie waren knallbraun, wie noch nie zuvor nach einem Urlaub. Ihre hellblonden Haare waren noch heller geworden. Insgesamt sahen sie ungeheuer erholt aus. Nach einer Weile begannen sie zu singen (wie alle Zwillinge waren sie gut aufeinander eingespielt, wie ein Chor, der täglich übt). Sie sangen schnell und rhythmisch betont »Auf der Mauer, auf der Lauer, sitzt 'ne kleine Wanze«. Dann sangen sie noch ein Lied, genauso schnell und rhythmisiert: »Bandiera rossa. Bandiera rossa trionfera«. Aber das kannte ich ja, das Lied: Die Rote Fahne. 1952. Noch lange vor dem Eintritt in die KPD. Da sang Ernst Busch es auf der Schellackplatte, nur nicht so lebhaft und schnell wie meine Kinder, sondern ganz ernst und deutsch und abgehackt zackig, wie ein Marschlied: »Es wird die Menschlichkeit / den Haß bezwingen / Die rote Fahne wird Frieden bringen.«

»Evviva comunismo – e liberta«, sangen meine Kinder. Dann sangen sie noch mal die kleine Wanze, und dann wollten sie eine Cola. Sie waren sehr vernünftig und sehr, sehr erwachsen geworden. Sie heulten nicht gleich los wie früher, nach der Scheidung. Sie hatten sich buchstäblich ausgeheult. Sechs Wochen, die ersten sechs Wochen der Entführung, hatten sie ununterbrochen geweint.

Jetzt empfanden sie den Aufenthalt in einem Barackenlager für Erdbebenopfer schon als Abenteuer. Sie schwärmten lange davon. Man hatte sie direkt von Holtkamps über die grüne Grenze nach Frankreich gebracht, von dort in einem Kofferraum über die Grenze nach Sizilien, nach einem Zwischenhalt in Rom. Im Norden Siziliens steht am Meer eine schöne, geräumige Villa. Mit Motorboot und Wasserski und allem, was noch dazugehört. Sie gehört einem prominenten Italiener: Danielo Dolci. Doch Dolci mochte auch nicht gern zwei von Interpol gesuchte deutsche Kinder bei sich aufnehmen. Irgendwo in der Nähe aber gab es ein elendes Barackenlager für Erdbebenopfer. Dort machten ultralinke italienische Gruppen von Bürgersöhnchen »Basisarbeit« bei den Ärmsten der Armen. Nicht sehr lange, versteht sich. In der Villa des reichen Mannes durften die Zwillinge nur eine kurze Zeit bleiben. In dem Barackenlager, in dem es nicht einmal Stühle und Tische, sondern nur Holzkisten und Bettpritschen gab, lebten sie, bei 45 Grad im Schatten, drei Monate lang.

Ein herumreisendes Hippiepärchen diente als Babysitter. Die RAF-Leute, die die Kinder gebracht hatten, sagten ihnen, nur für vierzehn Tage. In drei Tagen ist Mama wieder da, hatte Ulrike ihnen, die nie länger als ein paar Stunden allein waren, gesagt. Sie kam nie wieder. Die Hippies bekamen Geld und ein Kilogramm Haschisch und waren zufrieden. Abenteuerurlaub. Sie schliefen den ganzen Tag über und gewöhnten die Kinder daran, sie nicht zu wecken. Abends gingen sie alle schwimmen. Die Kinder waren praktisch freigeschwommen, als sie wiederkamen. Außer dem Kilo Haschisch hatten die Hippies in ihrem VW-Bus noch einen Sack Reis mit. Also gab es jeden Tag Reis. Mit Thunfisch und Tomatensoße. Außerdem gab es reichlich von den reifen sizilianischen Zitronen, in die man einfach reinbeißen konnte. Das war schon okay. Auch, daß man sie mal am Joint ziehen ließ. Sie waren ja noch zu klein, um sich daran zu gewöhnen. Wenn die Kinder sie durch ihr lautes Heulen störten, sagten ihre Betreuer nölig: »Nun haltet mal die Schnauze, wir wollen jetzt pennen. Wir finden das unheimlich Scheiße, wenn ihr immer heult.« Im »Kinderladen« des Barackendorfs irgendwo bei Trapani wurde nur italienisch gesprochen. Da war es gut, Zwilling zu sein. Zunächst sah es jedenfalls so aus, als wenn den Zwillingen der »sizilianische Urlaub« nicht geschadet hätte. Die seelischen Folgen dieser Operation wurden erst sehr viel später erkennbar.

Was ihnen allerdings nach Ende des Sommers zugedacht war, war schlimmer als der Aufenthalt im sizilianischen Barackenlager. So schlimm, daß offenbar einige

Mitglieder am Rande der Gruppe absprangen und Stefan Aust einen Tip gaben. Baader hatte, den Berichten zufolge, die später bekannt wurden, von Ulrike verlangt, sich von den Kindern zu trennen. Endgültig! Die Ensslin konnte darauf hinweisen, daß auch sie sich von ihrem Kind (aus der Ehe mit Bernward Vesper[5]) bereits getrennt hatte. Es sei ein Relikt aus Ulrikes bürgerlicher Vergangenheit, noch immer an den Kindern zu hängen. Man verlangte ein Opfer. Zum Beweis ihres Willens, etwas zu tun. Beate Sturm, ein wie Hohmann und Ruhland schon früh abgesprungenes Mitglied der Gruppe, berichtete später, daß Ulrike immerzu von den Kindern gesprochen habe. Sie hing an den Zwillingen mehr als eine gewöhnliche Mutter. »Gluckenhaft« wurde ihre Beziehung genannt. Wegen der Kinder habe es deshalb in der Gruppe oft Streit gegeben.

Nach seiner eigenen Verbrecherlogik hatte Baader sogar recht: Die Kinder, die Liebe der Mutter zu ihnen waren ein Hindernis. Sie störten nur beim »Volkskrieg«. So wurde eines Tages beschlossen, die Kinder in ein palästinensisches Waisenlager zu bringen. Dort werden Kinder von Palästinensern, die im Kampf gegen Israel ums Leben gekommen sind, aufgezogen. Man weiß, wie. Hier rekrutieren die Todeskommandos der Radikalen ihre Kamikazekämpfer, die bereit sind, eine ganze israelische Schulklasse, aber auch sich selbst mit in die Luft zu sprengen. Was im Nahen Osten Auge um Auge, Zahn um Zahn, beiden Seiten billig schien, nannte selbst der Vertreter der El Fatah als Zukunft für die Röhlschen Zwillinge monströs. »Would you like to make monsters out of them?« fragte er die Abgesandten der Gruppe. Doch schließlich erklärte man sich bereit, die Kinder in palästinensische Obhut zu nehmen, jedoch nur unter einer Bedingung: Ulrike sollte sie, wie Adoptivkinder, nie wieder sehen. Ihre Identität würde ausgelöscht werden. Sie würden arabische Namen erhalten und im Flüchtlingslager aufwachsen. Dieser Plan war, wie schon gesagt, so erkennbar menschenfeindlich, daß jemand aus der Gruppe ihn an Stefan Aust verriet. Ob mit Billigung von Ulrike, wird vielleicht nie geklärt werden.

Im August 1970 wurde beschlossen, daß die Kinder von ihren »Betreuern« am Flughafen Palermo Vertretern der RAF zu übergeben seien. Da diese den Hippies unbekannt waren, vereinbarte man ein Codewort, das nur die Kinder wissen konnten, den Namen ihrer Puppe: »Professor Schnake«.

Die RAF-Leute, die die Zwillinge abholen sollten, verfehlten die Kinder um eine Stunde. Stefan Aust war früher da. Er kannte die Kinder und nahm sie auf das vereinbarte Stichwort in Empfang. Er kannte es. Aust zahlte den Hippies noch (aus der von Augstein finanzierten Reisekasse) 800 Mark Verpflegungsgeld für die Kinder aus. Das war mehr als gerechtfertigt. Die Lebenskünstler und Rucksacktouristen hatten ja nur mit vierzehn Tagen Aufenthalt gerechnet. Geld und vor allem Haschisch waren ihnen ausgegangen, und so taten sie für die Röhlschen Zwillinge etwas Unerhörtes: Sie gingen arbeiten! Sie arbeiteten als Küchenhilfen in einem Restaurant am Meer, um sich und die Kinder über Wasser zu halten. Der eintönige Speisezettel wurde durch die Reste vom Restaurantessen aufgebessert.

Aust verließ Palermo mit dem – sehr unbequemen – Bummelzug, der durch ganz Italien nach Rom führt. Er war gewarnt. Er wußte, daß bewaffnete Gruppenmitglieder die Zwillinge auf allen Flughäfen suchen würden, unterstützt von italienischen Genossen. Zwei siebenjährige hellblonde Zwillinge sind schwer zu verstecken auf einem Flughafen in Italien. So fuhren sie einen Tag und eine Nacht ohne Schlafwagen mit dem Zug durch Italien, bis sie Rom erreichten.

Soweit die gesicherten Tatsachen. Nun aber beginnt die Spekulation: War es nur das Mädchen am Rande der Gruppe, die den Ort und das Stichwort der Übergabe verraten hatte, um die Kinder zu retten? Oder war es Ulrike selbst, die den Brief mit dem Vorschlag »Emma Biermann kommt« erhalten hatte, die dahinterstand? Ich denke, daß Ulrike selber die Kinder vor der Überführung ins Waisenlager der PLO gerettet hat. Auch bin ich überzeugt, daß Baader später versuchte, Ulrike mit den Kindern zu einem weiteren Verbleib in der Kampfgruppe zu erpressen. Sie war *kein* Monster. Das palästinensische Waisenlager wurde übrigens später, bei dem großen Feldzug König Husseins gegen die PLO, durch Bombenangriffe fast völlig zerstört.

Wir blieben noch einige Zeit in Ronchi. Zunächst mußten in Hamburg Kinderpässe für die Zwillinge beschafft werden, sie waren ja illegal über die Grenze gebracht worden. Als sie endlich ankamen, flogen wir zunächst zu Bekannten nach Köln. In Hamburg würden die Kinder ja sofort von Baaders Leuten aufgespürt werden. Das Haus der Kölner Bekannten wurde von der Sicherheitsgruppe Bonn abgeschirmt. Wann würden die Zwillinge je vor einer neuen Entführung sicher sein? Solange nicht die ganze Gruppe verhaftet war, bestand die Gefahr weiter.

Die Vorsichtsmaßnahme erwies sich als gerechtfertigt: Ein paar Tage nach unserer Rückkehr standen zwei Gruppenmitglieder, darunter der »Rechts«anwalt Horst Mahler, vor der Tür eines Hamburger Bekannten, des selber mit dem Rechtsstaat nicht auf gutem Fuß stehenden Alt-Anarchisten und Arztes Karl-Heinz Roth (er ist noch jetzt die graugewordene Eminenz der Berliner Autonomenszene), und forderten mit durchgeladenen Pistolen Roths Mitbewohner auf, die Adresse der Wohnung preiszugeben, in der Aust sich versteckt hielt. »Den ballern wir ab!« war die wörtliche Formulierung des ehemaligen APO-Anwalts, eine offenkundig nicht strafbare Drohung. Aust bat, zum ersten Mal wirklich beunruhigt, um eine Pistole, die ich zu beschaffen versprach. Die Situation war auf die Dauer unhaltbar. Jetzt hätte ich mit den Kindern untertauchen müssen. Untertauchen – in einem Rechtsstaat.

Da kam unerwartet Hilfe. Eine Art Deus ex machina. Aust teilte mir mit, die El Fatah, eine Gruppe, auf deren Unterstützung die RAF angewiesen war, hätte die RAF vor weiteren Abenteuern dieser Art gewarnt. Die Kinder stünden unter ihrem Schutz, ließen sie mitteilen. Ich war zufrieden, obwohl ich große Zweifel an der plötzlich ausgebrochenen Menschenfreundlichkeit der arabischen Terroristen hegte. Inzwischen wissen wir besser, wer da die Hand im Spiel hatte: der Staatssicherheitsdienst der DDR. Der, wie wir heute annehmen dürfen, für die ganze RAF-Aktion eine Art Begleitschutz stellte und der diese Räuber- und Gendarmspielchen mit den Kindern und dem »Individuellen Terror« als unzweckmäßig (!) einschätzte. Offenbar hatte das MfS damals bereits, mit oder ohne El Fatah, die Autorität, seine Anordnungen bei der RAF durchzusetzen.

Die Kinder gingen wieder zur Schule. Ich mußte sie, wegen der unruhigen Berliner Kinderladenzeit und des Verlustes von vier Monaten, eine Klasse niedriger einschulen. Sie wurden jeden Tag von Beamten der Sicherungsgruppe Bonn zur Schule gebracht und wieder abgeholt. Von Emmi Biermann wurden sie in rührender Weise umhegt und umsorgt: mit süßen Quarkspeisen und nahrhaften Suppen und Geschichten über den Kampf der »Genossen« gegen Faschismus und Krieg. Sie verdrängten schnell alle erschreckenden Seiten des »sizilianischen Urlaubs« und behielten das übrige, Abenteuerliche in angenehmer Erinnerung. Eine Erklärung der ganzen Aktion RAF gaben sie, nunmehr achtjährig, selbst: Mami hat etwas Gutes gewollt, aber dabei Scheiße gebaut! Ich widersprach ihnen nicht. Es war die Wahrheit, auf die kürzeste Formel gebracht.

Gegen Ende des Jahres 1971 konnten wir wieder ein reges Kommen und Gehen in unseren Redaktionsräumen beobachten. Wieder saßen wildfremde Menschen, die ich noch nie zuvor gesehen hatte, an den Schreibtischen und »arbeiteten«. Doch diesmal waren es keine Anarchisten und schicke Linke (»Schilis«) wie 1968. Es waren ernsthafte, gesetzte Profis. Sie redeten kein Soziologenblech, sondern verständigten sich in einem journalistischen Insiderjargon. Sie planten, aus dem *Spiegel*, *Stern* und anderen Zeitschriften ausgezogen, eine linke »Gegenzeitung«. Sie planten »solidarisch« mit vielen anderen Kollegen aus den Massenmedien, von denen sie hofften, daß sie sich bald alle emanzipieren und selbstverwalten würden. *Konkret* sollte das Beispiel sein. So kamen wichtige Redakteure vom *Stern* und vom *Spiegel*, immerhin der Ressortleiter von »Deutschland 1« und sein Stellvertreter. Jetzt entwarfen sie Pläne für ein »verbreitertes und verbessertes *Konkret*« Das bedeutete erst einmal Verträge für sie selbst mit astronomischen Summen und endlos langer Laufzeit. Dennoch fand ich die Pläne imponierend.

Zu spät erkannte ich, daß sie mich selbst gar nicht mit eingeplant hatten. Im Grunde wollten sie auch meine Zeitschrift gar nicht. Sie wollten kein besseres *Konkret*. Sie wollten einen kommunistischen *Spiegel*, eine bessere *UZ* (Wochenzeitschrift der DKP). *Konkret* sollte nur seinen seit 19 Jahren eingeführten Titel und seinen Vertriebsapparat hergeben. Eine Neugründung hätten sie nicht geschafft, auch nicht mit sehr viel Geld. Also waren sie entschlossen, diese Zeitung zu übernehmen wie der Parasit eine Wirtspflanze, zu entern wie der Pirat ein Handelsschiff. Das glaubten sie zu schaffen. Sie dachten die gleichen Gedanken wie meine Putschisten von 1968 noch einmal: Da ist etwas, was wir gut brauchen können, uns aber nicht gehört. Also nehmen wir es uns. *Im Grunde ist das schon der ganze Sozialismus. Mehr war er nie.* Viel mehr Worte natürlich, viele endlose Phrasen, aber darauf lief es immer hinaus. Die Umstände kamen ihren Enteignungswünschen sehr entgegen. Sie trafen auf einen Herausgeber, der mit ganz anderen Dingen beschäftigt war, als einen linken *Spiegel* oder eine besser gemachte *UZ* zu entwerfen, der eigentlich immer etwas abwesend war, mit ganz anderen Themen beschäftigt.

Der Grundgedanke: »Genossen, wir haben Scheiße gebaut!« ließ mich nicht mehr los. Ich war nur noch mit der Kritik der linken Szene beschäftigt. War nicht alles, fast alles durch meine persönlichen Erfahrungen fragwürdig geworden? Die »neue Sensibilität«, die »neue Erziehung«, die Kommunen, die Kinderläden, die Basisgruppen, die Gewalt gegen Sachen und die Gewalt gegen Menschen, und Baaders Armee Fraktion, mit der die Mutter meiner Kinder durch die Lande zog. Immer schlimmere Dinge sprachen sich langsam herum, auch in der linken Szene. Solidarität, in der ersten Phase von zahlreichen Bekannten als humanitäre Hilfe für die »politisch Verfolgten« gedacht und mit klammheimlicher Bewunderung gewährt, wurde bei linken Genossen oft genug schon mit durchgeladener Knarre erzwungen. Was die *Bild-Zeitung* in großer Aufmachung herausbrachte, war oft aus erster Hand. Was Böll zu empörten Reaktionen gegen den »rattenhaften« Staat aufreizte, die polizeiliche Strafverfolgung, ließ die informierten Linken nur resigniert mit dem Kopf schütteln: Diese

Gruppe war wirklich gefährlich und generell menschenfeindlich.

Etwas mußte geschehen. Wenigstens Ulrike mußte herausgebrochen werden aus diesem Wahnsinnssystem. Man müßte öffentlich an sie appellieren. Nicht ich, der mit vielen Emotionen belastete Ex-Ehemann, müßte das tun, sondern die Frau, die ihr außer den Kindern am nächsten stehen mußte, ihre Pflegemutter Renate Riemeck. Ich rief Renate Riemeck an und bat sie, einen offenen Brief mit dem Titel »Gib auf, Ulrike!« zu schreiben. Sie sagte sofort zu. Frau Riemeck analysierte Ulrikes aussichtslose Situation schonungslos und äußerte die Vermutung, daß der berüchtigte »Schießbefehl« im *Spiegel*-Interview nicht von ihr sei: »Ich glaube Dir auf's Wort, wenn Du ... im ›Konzept Stadtguerilla‹ schreibst: ›Die Frage, ob die Gefangenenbefreiung auch dann gemacht worden wäre, wenn wir gewußt hätten, daß ein Linker (der Institutsangestellte) dabei angeschossen wird ... kann nur mit einem Nein beantwortet werden.‹ Ich glaube Dir auch, daß das vom *Spiegel* veröffentlichte Tonband nicht authentisch ist ...«

Dann rät sie ihrer Pflegetochter zur Umkehr. Entweder die ganze Gruppe, oder Ulrike allein. Hellsichtig sieht Riemeck voraus, daß der in der Gruppe vorherrschende Irrationalismus ein vernünftiges Verhalten unmöglich machen wird. »Ich weiß nicht, wie weit Dein Einfluß innerhalb der Gruppe reicht, wie weit Deine Freunde rationalen Überlegungen zugänglich sind. Aber Du solltest versuchen, die Chancen der bundesrepublikanischen Stadtguerillas einmal an der sozialen Realität des Landes zu messen. Du kannst es, Ulrike.« Sicher hat Ulrike diesen offenen Brief gelesen. Wie sie darauf reagierte, was sie selbst darüber dachte, wissen wir auch heute, nach 23 Jahren, nicht.[6] Wenn sie tatsächlich, und sei es für eine noch so kurze Zeit gewesen, mit dem Gedanken gespielt hat, auszusteigen, »die Gruppe wieder zu legalisieren« hieß das in den internen Diskussionen, bleibt die Frage: Konnte sie überhaupt aussteigen? Wie weit reichte ihr Einfluß? Und wie groß wäre ihr schlechtes Gewissen gegenüber den »Freunden« gewesen, für die sie »geradestehen« wollte, wenn sie etwas ausgefressen hatten, wie in ihrer Kinderzeit? Sie war ja planlos in die Illegalität gegangen, mitgelaufen im buchstäblichen Sinne des Wortes. Daß sie an jenem Tag aus dem Fenster des Instituts sprang, sich in den viel zu engen (Sport-)Fluchtwagen zwängte, war nicht geplant, darüber sind sich heute alle Berichterstatter einig. Sie hatte vor, ihre legale Rolle als Publizistin, die mit Baader ein Buch schreiben und mit ihm Material studieren wollte, nicht aufzugeben. Ihr Durchbruch als Fernsehautorin stand mit der für den 24. Mai 1970 geplanten Ausstrahlung von »Bambule« unmittelbar bevor. Sie hatte die Zwillinge nur für ein Wochenende bei Holtkamps untergebracht. Warum also sprang sie mit den anderen aus dem Fenster? Weil sie wegen des Schusses und des wie tot in seinem Blut liegenden Institutsangestellten Linke unter Schock stand. Sie, die nach ihrer furchtbaren Gehirnoperation von 1962 schon der Knall einer Schreckschußpistole zu Weinkrämpfen veranlassen konnte. Unter diesem Schock sprang sie mit in den Fluchtwagen, ging mit in das illegale Quartier, was für die Flüchtenden vorbereitet war.

Einen weitreichenderen Plan für eine Stadtguerillaorganisation gab es nicht, nur diffuse Diskussionen darüber. Es gab nur einen einzigen Plan: die Befreiung Baaders. An ihr beteiligte sich Ulrike aus ganz persönlichen Gründen. Baader, bekanntlich wegen der Kaufhausbrandstiftung verurteilt, tauchte während eines Hafturlaubs unter und lebte mit der Ensslin illegal in Berlin. Bei Ulrike. Erschreckte meine Kinder durch seine schadenfroh-sadistischen Reden. Mit ihrem R4 – und meinen Kindern – im Auto – ohne Papiere, baute er einen schweren Unfall, bei der eines der Zwillinge einen vorübergehenden Hörsturz erlitt. Die Polizei war überrascht, was für einen Fang sie da gemacht hatte. Nun hatte er allerhand abzusitzen, mit allem, was außer der Brandstiftung noch hinzugekommen war. Die Ensslin beschwor Ulrike, wir müssen ihn herausholen, der geht im Knast vor die Hunde!

Ensslin sagte: »Du schreibst immer nur, und wir tun etwas.«

Ulrike aber wollte in ihrem ganzen Leben immer etwas tun. So machte sie mit, erfüllt von schlechtem Gewissen darüber, daß sie nur eine erfolgreiche Funk- und Fernsehautorin war.[6] Eine längere illegale Tätigkeit war nicht geplant. Es gab keine Infrastruktur, keine Waffen, keine Stützpunkte, keinen Nachschub und keine Reservearmee. Es war, vom Standpunkt einer ordentlichen südamerikanischen Stadtguerillaorganisation, reiner Dilettantismus, was sie da betrieben. Von den Baaderbefreiern hatte einer eine Pistole, die anderen waren mit Gaspistolen bewaffnet. Illegale Wohnungen waren tatsächlich vorhanden, aber nicht von Baaders Gruppe vorbereitet. Diese Wohnungen gab es schon viel länger. Sie waren vor Jahren, noch in der Dutschke-Zeit, für Deserteure aus der US-Armee geschaffene »tote Adressen«. Nach der Befreiung wurden sie den Flüchtenden zur Verfügung gestellt.

Nach dem bekannten Ausflug zu den Palästinensern ging es zurück nach Deutschland. Einer der Hauptstützpunkte der Gruppe befand sich in Hamburg, zehn Kilometer von meinem Haus entfernt. Der Appell Renate Riemecks blieb ohne sichtbare Wirkung. Durch mehrere Aussagen ist jedoch belegt, daß es zu diesem Zeitpunkt in der Gruppe Differenzen gab, vor allem in der Frage weiterer Gewaltaktionen (der geplanten Sprengstoffattentate). Ulrike soll danach vorgeschlagen haben, zunächst eine Weile zu »pausieren« und eine Theoriediskussion zu führen. Kann man sich bei dem in der Gruppe herrschenden Psychoterror ein Aussteigen im Sinne Renate Riemecks anders vorstellen, als in Form des Vorschlags, »erst einmal ein halbes Jahr zu pausieren und über alles gründlich nachzudenken«?

Baader, so berichtet Beate Sturm, hätte das strikt abgelehnt und Ulrike auf das Unflätigste beschimpft. Diese war 1971 offenbar schon zu schwach, um sich gegenüber der primitiven »Propaganda der Tat« Baaders durchzusetzen. Baader plagten keine Skrupel. Er war wirklich ein guter Räuberhauptmann. Nach den vielen Banküberfällen und anderen Vorbereitungen, die nur dem Überleben der Gruppe in der Illegalität und dem Aufbau einer Infrastruktur (Bewaffnung, Nachschub, Schlupfwinkel, Transportmittel) gegolten hatten, plante er nun einige spektakuläre Aktionen: Attentate, die ihm Ansehen und neue Anhänger unter den ohnehin gewaltbereiten Linken bringen sollten. Er handelte, im Rahmen seines irrwitzigen Denksystems, nur konsequent. Die Gruppe mußte etwas nach außen deutlich Wahrnehmbares tun, wenn nicht die ganze Flucht- und Vorbereitungszeit als reiner Selbstlauf, als Bankräuberkarriere ohne politischen Hintergrund dastehen sollte.

Während Ulrike Meinhof auf unseren Aufruf nicht reagierte, reagierten andere . . . Es tauchten Leute auf, die ich noch nie zuvor gesehen hatte, die noch nie zuvor überhaupt jemand gesehen hatte. Sie hatten menschliche Gestalt, sie sahen aus wie du und ich, junge Leute zumeist. Aber sie sahen nur so aus. Sie stammten nicht von dieser Welt, nicht aus der Normalzeit. Sie kamen auch nicht aus der Vergangenheit, aus Rußland etwa oder China während der Revolution. Sie kamen von einem anderen Planeten- oder Sternensystem. Oder aus der Zukunft. Sie sahen humanoid aus, aber das garantierte für nichts. Sie kamen nachts um elf . . .

Eines Abends war der Altkommunist Zamory bei mir, um mir in seiner Eigenschaft als – unkündbarer – Vorsitzender des Betriebsrats die Vorzüge eines »Redaktionsstatuts«, einer Art Kollektivvertrag zur Sicherung der Rechte der Redaktion (gegen den Eigentümer!) zu schildern. Er hatte es leicht, denn ich hatte das Redaktionsstatut selbst entworfen, das später die Stasi-Verbündeten benutzen konnten, um sich in den Besitz des Titels zu setzen. Leichter Sinn, Stein war schwer – Chef ist hin, danke sehr.

Um 23 Uhr verließ Zamory das Haus. Emma Biermann und ich wollten schlafen gehen. Plötzlich klingelte es. Ungewöhnlich um diese Zeit. Sollte Zamory etwas vergessen haben? Vor der Tür standen ein Junge und ein Mädchen mit nichtssagenden, glatten Gesichtern. Vielleicht sechzehn oder achtzehn Jahre alt. Sie fragten zunächst nach einer Hausnummer, die ich nicht kannte. Dann sagte ein Mädchen, vielleicht sei es auch die falsche Nummer, jedenfalls suchten sie einen Klaus Rainer Röhl. – An dieser Stelle – das sei allen gesagt, die heute von »Antifa«-Rollkommandos besucht werden! – hätte ich die Tür zuschlagen, die Polizei alarmieren und laut die Nachbarn um Hilfe rufen müssen. Statt dessen sagte ich, leicht verwundert, Klaus Rainer Röhl, das bin ich. Ob sie mich einen Augenblick sprechen könnten, sie hätten nur eine einzige Frage. Ich sagte, ich hätte eigentlich gar keine Zeit, müsse morgen früh zum Flughafen und wollte jetzt schlafen gehen. Sie versicherten, es ginge ja ganz schnell. Glatte jugendliche Gesichter: Oberschüler aus Blankenese vielleicht, die mal Spenden für einen Jugendclub gesammelt oder wegen der Anti-Drogen-Aktion Fragen hatten. Also sagte ich, kommt rein, aber es muß schnell gehen. Ja, sagten sie, aber da seien noch ein paar Freunde, die stünden draußen in der Kälte, ob die auch für fünf Minuten reinkommen dürften. Hier spätestens hätte ich stutzig werden müssen. Aber es herrschte eine Außentemperatur von zehn Grad Frost. Ich sagte also leichthin, leichter Sinn, gut, holen Sie sie rein.

Plötzlich entstand draußen, hinter der dichten Gartenhecke, Bewegung. Zunächst etwa ein Dutzend junge und auch nicht mehr ganz so junge Leute marschierten durch den Garten auf das Haus zu, es wurden immer mehr, der Strom riß nicht ab, immer mehr Leute drängten herein, nun schon grinsend und drohend, stießen mich ins Wohnzimmer, während Emmi nach oben flüchtete: etwa fünfzig junge Männer und Frauen, die das große Zimmer bis auf den letzten Quadratmeter ausfüllten und sich sofort auf meinen chinesischen Teppichen niederließen, ihre Jacken und Parkas neben sich. Zwei Männer setzten sich ans Telefon, klinkten den Apparat aus, je zwei bauten sich vor den Türen und Fenstern auf, um jede Flucht zu verhindern. Sie gaben keine Erklärung ab, stellten sich nicht vor, nannten keine Namen, auch keinen Namen ihrer Organisation, sie blieben anonym bis zuletzt, bis heute. Sie kamen nicht, um mit mir zu diskutieren, sie kamen, um mir den Prozeß zu machen. Wegen des Artikels »Gib auf, Ulrike!« wie sie sagten. Es war mein erstes Verhör und mein erster Prozeß in einem Terrorregime. Es gab in diesem Prozeß keinen Verteidiger und keinen Richter, nur Ankläger, und das waren alle, fünfzig junge Männer und Frauen, knapp zwanzig Jahre alt die meisten. Um die Sache etwas zu entspannen, sah ich mich nach einem halbwegs hübschen Mädchen um, eines lagerte direkt vor meinem Stuhl auf einem handsignierten chinesischen Teppich, und ich sagte vertraulich-anbiedernd im Ton der damaligen Zeit: Hast mal 'ne Zigarette für mich? Tatsächlich kramte sie eine zerknitterte Schachtel mit schwarzen, filterlosen Zigaretten aus ihren Jeans und bot mir eine an, doch der Wortführer, ein etwas älterer Mann um die Dreißig, fuhr sie grob an: »Wieso gibst du diesem Schwein 'ne Zigarette!« In dem Stil ging es weiter. Da wäre also dieser Artikel von dieser Renate Riemeck – »wer ist das überhaupt, diese Sau?« schrie einer, »oder ist das nur ein Deckname, haben das die Bullen geschrieben? Hast du das geschrieben, du Arsch?« – Ich sagte, Frau Renate Riemeck ist die Pflegemutter von Ulrike und eine prominente linke Politikerin. Sie grölten vor Lachen – genauso hatten damals bei der HJ die Proletarierjungen aus der Danziger Vorstadt gegrölt, wenn ich einen hochdeutschen Satz sagte –, doch der Anführer befahl wieder Schweigen. Alle rauchten, aber um revolutionäre Disziplin zu üben, bastelten sie Aschenbecher aus dem Silberpapier ihrer Zigarettenschachteln.

Dann erklärte der Anführer, der Artikel diskriminiere die proletarische Gewalt und sei daher schädlich. Ich glaube, so gewählt drückte er sich gar nicht aus, er sagte wohl einfach Scheiße. Obwohl sie – nun kam doch so etwas wie eine Positionsbeschreibung – die Aktionen der RAF (im Szenejargon: sprich Raff) nicht für richtig hielten, nicht zum jetzigen Zeitpunkt. Aber mit dem Aufruf »Gib auf, Ulrike!« hätte ich die proletarische Gewalt in Frage gestellt. Ich kennte wohl nicht den Grundwiderspruch zwischen Kapital und Arbeit, schrie mich ein Junge von nicht einmal achtzehn Jahren an. Ich verschluckte meine Erwiderung, von diesem Grundwiderspruch hätte ich schon ein paar Jahre vor seiner Geburt gehört. Was hätte es genützt? Jede Generation muß ihre

Fehler selber machen. Statt dessen sagte ich, sie sollten nicht so laut schreien, die Kinder schliefen oben. Ulrikes Kinder, fügte ich hinzu, in der Meinung, das würde sie beeindrucken. Doch die Mitteilung berührte sie etwa so stark, als wenn ich gesagt hätte, es wären Meerschweinchen im Haus.

Das Verhör wurde gereizter. Ich bemerkte, daß sie nicht einmal zwei Jahre alte Ausgaben von *Konkret* kannten. Von Ulrikes politischer Tätigkeit beim Kampf gegen den »Atomtod«, in der Studentenbewegung wußten sie nichts. Aber sie wußten, was sie wollten. Ich solle sofort, gleich morgen, den Artikel widerrufen. Einen Gegenartikel drucken, gegen »die Riemeck«. Den Artikel müsse ich selber schreiben. Und das alles müsse ich ihnen jetzt durch meine Unterschrift bestätigen, sonst ... passiere was.

Durch die kleingerahmten Glastüren sah ich Emma, die mir ratlos irgend etwas signalisieren wollte. Emma Biermann, ihr halbes Leben gejagt als Kommunistin, verfolgt von der Polizei der Weimarer Republik und von der Hitlers, unschlüssig, ob sie selbst zum ersten Mal in ihrem Leben die Polizei rufen wollte (wir hatten oben ein zweites Telefon), wie sie es ja bei gewöhnlichem Einbruch oder Diebstahl auch getan hätte. Ich winkte ab. Ich sagte, die dicht um mich gedrängten glatten Gesichter mir der Reihe nach ansehend: Diese Unterschrift werdet ihr heute und auch in Zukunft nicht bekommen, und wenn ihr mich jetzt totschlagt. Es war kein besonderer Mut, der mich das sagen ließ. Man hat in solchen Situationen ein Gefühl dafür, wie weit die gehen wollen, auch das hatte ich bei meinen Danziger Straßenrowdies von der Schichau-Werft gelernt: Man durfte sie jetzt allerdings nicht reizen, keine Provokation, ganz ruhig bleiben, für körperliche Angriffe brauchen sie eine emotionale Aufhei-

zung, das dauert eine ganze Weile, bis sie soweit sind los-
zuschlagen. Deshalb die langen Wortgefechte, die jeder
Klopperei, Wirtshausrauferei oder politischen Schlägerei
vorangehen.

Ich fragte sie, ob sie wüßten, wer Ossietzky war oder
Tucholsky. Sie wußten nichts. Das hatten sie in ihrer
Schulung nicht durchgenommen (vielleicht dafür Trotzki
oder Enver Hodscha). Ich sagte, der Ossietzky sei auch
Journalist gewesen, Antifaschist und so weiter, der hätte
sich nie in seinem Leben zwingen lassen, einen Artikel
zurückzunehmen. Also: kein Widerruf. Darauf sagte der
Anführer überraschend: »Genossen, er ist uneinsichtig.
Die Konsequenzen wird er zu tragen haben, wir werden
Maßnahmen ergreifen gegen seine Zeitung. Jetzt müssen
wir gehen. Morgen früh müssen wir um sechs zur Arbeit.« – Was für eine Arbeit, blieb im dunkeln, aber sie
spielten ja Arbeiterklasse. »Los, Genossen, wir hauen hier
ab!«

Sie verschwanden, wie sie gekommen waren. Schlagar-
tig. Die selbstgefalteten Aschentütchen nahmen sie mit.
Kein Stäubchen Asche war auf den Teppichen. Proletarische Disziplin hieß das damals. Sie verschwanden spur-
los. Es war eine Vorläufergruppe der heutigen Autonomen, Sektion »Wasserkante«. Ich habe sie, auch später,
nicht identifiziert. Mir langte es auch so. Ich wußte nun
endgültig, für welche Staatsform ich mich in Zukunft entscheiden würde, in was für einer Gesellschaft meine Kinder aufwachsen sollten. In einer demokratischen. In einer
parlamentarischen Demokratie. In der die Unverletzlich-
keit der Person und der Wohnung garantiert sind.

Das war im Januar 1972. Im Mai detonierten in sechs
Großstädten selbstgebastelte Bomben, zu denen die RAF
sich bekannte. Baader besiegelte es mit seinem unver-
wechselbaren Daumenabdruck in der *Bild-Zeitung*. Man

wollte ja schließlich auch anerkannt sein. Drei Polizeibeamte und drei Bandenmitglieder waren zu diesem Zeitpunkt schon tot. Die Bomben töteten vier weitere Menschen. Baader hatte wieder etwas getan. Eine neue Eskalation des politischen Wahnsinns. »Wir schießen nur, wenn auf uns geschossen wird, weil wir uns nicht verhaften lassen wollen« hatte es in einem ersten Manifest geheißen. Nun war es auch ungezielter Mord, Bombenterror! Die Bombe, gleich, ob sie vom Flugzeug abgeworfen oder ferngezündet wird, explodiert, ohne auf die Zivilbevölkerung Rücksicht zu nehmen. Kinder können zufällig an der Stelle spielen. Hier gab es keinen Platz für »solidarische Kritik« mehr, wie sie in linken Quasselzirkeln immer wieder gefordert wurde und in der liberalen Presse, vor allem in der *Zeit*, praktiziert wurde, wo man sich weniger für den Schmerz der Opfer als für die Motive der Attentäter und die Irrgänge in ihrem Gehirnsystem interessierte. Hier half auch kein »Genossen, wir haben Scheiße gebaut!« mehr. Dies konnten nicht mehr unsere Genossen sein. »Macht kaputt, was euch kaputtmacht« hatten einst die Anarchisten geschrieben. »Macht den Anarchismus kaputt!« forderte ich jetzt, im Mai 1972.

Alles zusammen ergab ein ziemlich klares Bild. Am 1. Juni 1972 schickte ich ein Telegramm an Willy Brandt: »Aus Protest gegen die Eskalation des sich ausbreitenden politischen Terrors . . . erkläre ich meinen Eintritt in die Sozialdemokratische Partei Deutschlands.«

Wenn man wenigstens Ulrike, die Mutter meiner Kinder, aus Baaders Verbrechergang hätte herausbrechen können, ihre Verhaftung war, nach den Bombenattentaten, nur noch eine Frage der Zeit. Die Zeit der Solidarisierung war nun vorbei, niemand war mehr bereit, flüchtige Mitglieder der Bande aufzunehmen, und ihre eigenen

Schlupfwinkel wurden von der computergestützten Rasterfahndung erfaßt und einer nach dem anderen enttarnt. Da selbst das radikalsozialistische Algerien die Aufnahme von Mitgliedern dieser deutschen Gruppe ablehnte, gab es in meinen Augen nur ein Land, das in Frage kam, die DDR. Hier hätte Ulrike unter einem anderen Namen eine, wie auch immer geartete, wissenschaftliche oder publizistische Tätigkeit ausüben können. Wenn ich gewußt hätte, wie nahe meine Wunschvorstellungen der Wirklichkeit kamen! Tatsächlich wurden ja, Jahre später, auf Anordnung von Mielke Gruppenmitglieder, die aussteigen wollten, in der DDR aufgenommen und erhielten dort eine neue Identität, die so lange hielt wie eben die DDR selbst.

Doch damals war daran nicht einmal zu denken. So beschloß ich, selber etwas zu unternehmen. Ich mußte mich beeilen. Berichte, die mich über vier Ecken herum aus der linken Szene erreichten, sprachen davon, daß sie nervlich völlig am Ende sei, körperlich total heruntergewirtschaftet, von allerhand Psychopharmaka einigermaßen aufrechterhalten. Selbst Leute, die sie gut kannten, sollen sie zunächst kaum wiedererkannt haben.

Die Zwillinge, inzwischen fast zehn, erfuhren von alledem nichts, außer, daß ihre Mutter polizeilich gesucht wurde. Sonst konnten wir sie in unserem kleinen Hamburger Vorort Blankenese ganz gut abschirmen von allen Nachrichten über ihre Mutter, von Fernseh-, Radio- und Zeitungsmeldungen. Mit allen Mitteln suchten wir zu verhindern, daß sie die von Zeit zu Zeit auftauchenden Schlagzeilen in der *Bild-Zeitung* sahen. Es war schwer, sie ganz davon abzuhalten, aber es gelang. Dabei half mir ein Jurastudent aus unserer Nachbarschaft, dessen Mutter Amtsrichterin in Blankenese war, Johann Schwenn. Der saß fast jeden Abend bei mir herum, trank mit mir ein Bier oder ging mit mir in die Kneipe um die Ecke, deren Wirt ziemlich sauer auf mich war, denn die Gäste mußten wegen der ständig herumfahrenden Polzeiautos immer befürchten, auf Alkohol kontrolliert zu werden, und gingen früh nach Hause. Johann Schwenn ging tagsüber mit den Kindern schwimmen oder reiten und war immer zur Hilfe bereit, wenn die Zwillinge wieder einmal bestimmte Schlagzeilen nicht sehen sollten. Im April 1972 beispielsweise erschien die *Bild-Zeitung* mit der Riesenschlagzeile »Ulrike Meinhof beging Selbstmord!« Gerüchte, schrieben sie, wollten wissen, Ulrike sei tot, sei bereits heimlich eingeäschert, in Hamburg. Der Tod sei durch Krebs eingetreten oder durch Selbstmord angesichts einer unheilbaren Krebserkrankung. Wer immer das ausgestreut hatte, vielleicht um Ulrike zu einem Lebenszeichen zu provozieren, an die zehnjährigen Kinder hatte er dabei nicht gedacht. Als ich die Schlagzeile sah, rief ich Schwenn an, der die Kinder noch am Vormittag unter irgendeinem Vorwand aus der Schule abholte. Wir setzten uns in mein Auto und fuhren raus aufs Land, irgendwohin, an einen Ort, von dem wir hofften, daß dort keine *Bild-Zeitung* ausgehängt war. Einen solchen Ort gibt es in der Bundesrepublik nicht. Schon in Hamburg sahen wir zahllose Selbstbedienungskästen mit der knalligen Überschrift »Ulrike Meinhof beging Selbstmord«. Jedesmal lenkten wir die Kinder ab, und am nächsten Tag war die Schlagzeile ja nicht mehr zu sehen. Fernsehen gab es nur in dosierten Auszügen, Sesamstraße, Sandmännchen, Shiloh-Ranch. Bloß keine Nachrichten. Die waren tabu, die Kinder wußten auch warum und waren einverstanden. So blieben sie unberührt von dem ganzen Medienrummel, selbst auf dem Höhepunkt der Fahndung.

Johann Schwenn war eine Seele von Mensch, hatte aber damals keinen großen Antrieb, sein lange schon fälliges

Examen zu machen, ein Muttersöhnchen und scheinbar ewiger Student. Wie oft haben wir abends voller Wut und Entsetzen über die Baader-Terroristen, aber auch über meine Stasi-Putschisten in der Zeitung gesprochen. Eines Tages aber raffte der junge Mann sich auf, schloß alle Examen und Referendarszeiten mit Auszeichnung ab und ist heute einer der begabtesten Strafverteidiger Deutschlands, der es in wenigen Berufsjahren schon zu vier *Spiegel*-Artikeln über seine erfolgreichen Prozesse gebracht hat. Der Zufall oder die Notwendigkeit wollte es, daß er heute der Anwalt unseres hochherrschaftlichen Gegenspielers, des Stasigenerals und Mielke-Vertreters Markus Wolf und auch der Rechtsbeistand unseres Stasiagenten Bernd Michels geworden ist. Eine neue Variante des unendlichen Themas »Wer hätte das gedacht?«

Man kann sich heute schwer vorstellen, wie es damals möglich war, die Kinder so komplett abzuschirmen. Aber es ging. Nachbarn und Lehrer spielten mit. In der Schule wußten die meisten nicht, wer die Kinder waren, außer der Klassenlehrerin und einigen Eltern, die ich gut kannte. Sie hießen ja nicht Meinhof, sondern Röhl. So war über viele Jahre ein lebhaftes, unbeschwertes Kinderleben möglich, mit Riesengeburtstagsparties, vielen Freundinnen und Freunden, Urlauben und Ausflügen und Reit-, Tennis- und Klavierunterricht. Die Kinder lebten wie alle anderen Kinder dieses Alters in diesem schönsten Vorort von Deutschlands schönster Stadt. Wie unbefangen sie lebten, das erklärt am besten diese kleine Anekdote: Kurz vor der Verhaftung Ulrikes kam eines der Zwillingsmädchen, Regine, mit einer ziemlich langen Schürfwunde nach Hause. »Da muß aber Jod drauf«, sagte ich, »wo hast du denn die her?« – »Oooch«, sagte sie, »wir haben Baader-Meinhof-Gruppe gespielt, und da bin ich über 'ne Mauer gesprungen und hab' mich geschrammt...«

Andere spielten indessen das Spiel mit echten Toten weiter. Zum Schluß ging eine anonyme Warnung bei mir ein, mündlich und schriftlich, sie kam aus der Sympathisantenszene: Es bestehe die Absicht, die Kinder zu entführen, jedoch nicht, um sie zu Ulrike Meinhof zu bringen, dabei würde Waffengewalt angewendet werden. Erst zwei Jahrzehnte später erfuhr ich, wer die anonyme Warnung geschrieben und telefonisch durchgesagt hatte. Sie kam von Hans (»Hänschen«) Huffszky, Vertrauter Jonny Jahrs aus der Zeit des Widerstands, Erfinder zahlreicher Frauenzeitungen (*Constanze, Petra*), ein Mann mit verzwickten Verbindungen in die linke Szene. Seine Tochter Karin Huffszky machte die Durchsage und deponierte den anonymen Brief in unserem Briefkasten. Entführung mit Waffengewalt, nicht im Auftrag von Frau Meinhof? Verschiedene Umstände deuteten darauf hin, daß die Warnung ernst genommen werden mußte. Auch die Polizei hielt sie für echt. Das konnte nur bedeuten, daß der extreme Flügel der Gruppe, Baader und Ensslin, Ulrike erneut mit den Kindern nötigen wollte. Zum Weitermachen, wie ich glaube. Auf jeden Fall nahm ich die Kinder Ende Mai 1972 von der Schule und tauchte mit ihnen unter. Doch dann ging alles sehr schnell. Schon wenige Tage später war alles vorbei. Am 1. Juni 1972 wurden Baader, Holger Meins und Jan-Carl Raspe verhaftet. Am 7. Juni Gudrun Ensslin, die sich in einer Hamburger Nobel-Boutique am Jungfernstieg neu einkleiden wollte. Man hatte offenbar einen großen Teil der Gruppe und ihrer Wohnungen unter Kontrolle. Ulrikes Verhaftung war nur eine Frage der Zeit. Bei der berechtigten Nervosität der Polizei (die Bandenmitglieder hatten bisher bei jeder Kontrolle sofort ohne Vorwarnung geschossen) bestand die Gefahr, daß aus der Verhaftung eine Erschießung werden würde.

Jetzt mußte wieder etwas geschehen. Ich ließ mich gleichzeitig bei Ulrikes Rechtsanwalt Hannover in Bremen, bei unserem alten DDR-Kontaktmann »Staranwalt« Prof. Kaul und bei Bundeskanzler Brandt anmelden und flog sofort los. Ziel: freies Geleit für Ulrike Meinhof. Zur Ausreise aus der Bundesrepublik. Asyl für Ulrike Meinhof in der DDR. Die Ostberliner Kontaktleute sagten zu, die Sache sogleich »an zuständiger Stelle« vorzubringen. Bundeskanzler Brandt war nicht zu sprechen. Er verwies an Horst Ehmke, den Chef des Bundeskanzleramts. Ehmke, Danziger wie ich und im gleichen Alter, hatte ich noch nie gesehen, obwohl unsere Väter sich aus der Freimaurerloge in Danzig kannten und der Vater Ehmkes unser Kinderarzt gewesen war. Die Väter telefonierten gelegentlich miteinander. Nun saßen ihre Söhne im Bundeskanzleramt in Bonn. Wir kamen ohne Umschweife zur Sache. »Freies Geleit« im klassischen Sinne käme nicht in Frage, das war offenbar auch die Meinung des Kanzlers. Außerdem wüßte man, daß niemand bereit wäre, sie aufzunehmen. Weder Schweden noch ein arabisches Land, auch nicht Kuba. Schon gar nicht die DDR.

Das stimmte damals, am nächsten Tag ließ Manfred Kapluck, mein KPD-Chef aus uralten Zeiten, nun führender Funktionär der DKP in Düsseldorf (da lebt er heute noch und ist immer noch leitender Funktionär in der DKP, die es auch immer noch gibt, und darüber schreibt er manchmal Leserbriefe an die *FAZ*. Mancher lernt's eben nie, und wenn er nicht gestorben ist, so lebt er da noch heute und wird, dieser hochintelligente, im Äußeren und im Wesen an Heinz Neumann – »Schlagt die Faschisten, wo ihr sie trefft!« – erinnernde sympathische Genosse mit der Lebenslüge Antifaschismus im Bauch bis ans Ende seiner Tage leben) –, der also teilte mir mit, die DDR lehne meinen Plan ab, es gebe kein Asyl für Ulrike. Ehmke meinte, es sei ohnehin nur noch eine Frage von wenigen Tagen, wann die letzten Mitglieder der Gruppe verhaftet seien. Ich gab zu bedenken, daß man doch weiteres Blutvergießen verhindern könne. Ehmke sagte nach einigem Überlegen, die einzige Möglichkeit für Ulrike sei, sich der Polizei zu stellen, unverzüglich. So könne sie ihren guten Willen und die Abkehr von der Gruppe (damals sagte noch niemand außerhalb der Sympathisantenszene RAF) unter Beweis stellen. Dann könne sie sich später in einem Prozeß von der Gruppe distanzieren und ihre eigenen politischen Motive herausstellen. Das fand ich gut. Dann kamen wir auf das in den letzten Tagen immer wieder von den RAF-Anwälten vorgebrachte Argument zu sprechen, Ulrike Meinhof könne, selbst wenn sie wolle, sich gar nicht stellen, ohne um ihr Leben fürchten zu müssen. Sie müsse Angst haben, erschossen zu werden, selbst wenn sie mit erhobenen Händen auf eine Polizeiwache zuginge. Ich schlug deshalb vor, Ulrike solle sich, wie es ihr zeitweiliger Lebensgefährte Homann schon vor Jahren getan hatte, in der Rechtsanwaltspraxis von Josef Augstein in Hannover stellen. Ich bat Ehmke, sich für eine vorübergehende Aufhebung der Großfahndung um Hannover an einem bestimmten Tag einzusetzen. Er versprach, sein möglichstes zu tun.

Das war am Freitag, dem 9. Juni 1972. Am nächsten Morgen war ich bei Rechtsanwalt Hannover in Bremen, um ihm die Vereinbarung mit Ehmke zu übermitteln. Er war sehr zugeknöpft und betonte, daß er überhaupt keine Verbindung zu »seiner Mandantin« habe. Außerdem könne er sich denken, daß Ulrike mit meiner Initiative gar nicht einverstanden wäre. Dann hielt er mir einen langen Vortrag darüber, daß Polizei und Justiz »überreagierten«. Schließlich wurde ich ziemlich wütend – ich konnte den scheinheiligen falschen Humanisten noch nie leiden –

und sagte: Herr Rechtsanwalt, es liegen bereits zehn Tote auf der Straße. Genügt das nicht? Dann sagte ich noch, Ulrike ist die Mutter meiner Kinder, die wollen, daß sie lebt. Helfen Sie denen und leiten Sie einfach das Angebot weiter: freiwillig stellen bei Rechtsanwalt Augstein, unbewaffnet. Er wurde nachdenklich und sagte, er würde versuchen, das Angebot weiterzuleiten.

Wir wissen bis heute nicht, ob der linke Menschenfreund und Kinderbuchautor die Botschaft rechtzeitig weitergeleitet hat. Wir wissen nicht, ob Ehmke eine Lockerung der Straßensperren um Hannover durchsetzen konnte. Das werden spätere Forschungen in den Archiven vielleicht ergeben. Noch weniger wissen wir, ob Ulrike je die Absicht gehabt hat, zu Josef Augstein nach Hannover zu fahren und sich dort zu stellen. Fest steht nur, daß Ulrike wenige Tage später, am 15. Juni 1972 verhaftet wurde. In Hannover.

Als die Mutter meiner Kinder, am Ende ihrer Kräfte, abgezehrt und weder sich selbst noch den Fahndungsfotos ähnlich, in die Haftanstalt abgeführt wurde, war auch ich ziemlich am Ende. Die Kinder, mit denen ich wochenlang bei guten Bekannten gewohnt hatte, konnten nun endlich informiert werden. Mami ist verhaftet, sagte ich ihnen, wahrscheinlich hat sie sich selbst der Polizei gestellt. Bald könnt ihr sie besuchen. Das machte zunächst Schwierigkeiten. Ulrike schrieb den Kindern fröhliche aufmunternde Briefe aus dem Knast, in denen sie der Hoffnung Ausdruck gab, die Zwillinge recht bald zu sehen, lehnte einen Besuch der Kinder in meiner Begleitung ab. Allein wollte ich die knapp Zehnjährigen dem Horror der Situation in einer Haftanstalt (wo Ulrike gerade ihren ersten spektakulären Hungerstreik gegen die »Isolationsfolter im toten Trakt« führte) nicht aussetzen. Lange kämpften meine und ihre Rechtsanwälte um die Besuchsgenehmigung. Schließlich sagte jemand, auf dessen Rat ich viel gab, mein Vater, schließlich der Großvater der Zwillinge, zu mir: Du mußt nachgeben, das Wichtigste ist, daß Ulrike ihre Kinder sieht. Sie hat ein Recht darauf.

So marschierte ich einige Monate später mit den Zehnjährigen nach Köln-Ossendorf, lieferte die Zwillinge bei einer freundlichen Beamtin ab, deren Freundlichkeit auch nicht abnahm, als Ulrike ihr während des ersten Hungerstreiks mit aller Wucht in den Unterleib trat. Freundlich brachte sie nach einer Stunde die Kinder an der Hand wieder zurück, die lachten und ganz munter und vergnügt waren. Was habt ihr gemacht, wie war es, fragte ich beiläufig und vorsichtig. »Wir haben Witze erzählt mit Mami«, sagten sie. Beim nächsten Besuch glaubte ich, die Kinder hätten es geschafft, ihre Mutter wieder für das gewöhnliche Leben zu interessieren. Ulrike äußerte Interesse an den kleinen banalen Umständen des Lebens, des Hauses, der Schule, des Taschengeldes (sie sollten ein höheres fordern!), fragte viel nach Emma Biermann, äußerte sogar Interesse an der Lage in der Zeitung, in der gerade der letzte Putsch begonnen hatte (»auch Papi hat es jetzt nicht leicht«). Es gelang sogar, über die Kinder bestimmte Fragen zu erörtern, zum Beispiel auf welche Oberschule sie eingeschult werden sollten. Wir verständigten uns auf das Elite-Gymnasium der Elbvororte, das Christianäum – Latein und Griechisch schien uns beiden wichtiger als moderne Fremdsprachen. Wir übermittelten Einzelheiten über die kommende Geburtstagsfeier der Zwillinge und vereinbarten neue Besuche. Ulrike entwickelte den Plan, einen Rundbrief an die zahlreichen Meinhof-Verwandten zu schreiben, bei dem jeder etwas dazu schreiben sollte, eine Art Gemeinschaftsroman, Bilder wurden gemalt, kleine Geschenke gebastelt, und man schrieb sich gegenseitig

Märchen und Geschichten, alles schien einen ziemlich guten Verlauf zu nehmen.

Ich hegte die Hoffnung, sie über die Kinder, die sie überschwenglich bestaunte und bewunderte (»so große, so schöne, so kluge Kinder!« rief sie immer wieder aus) wieder auf den Boden der Realität herunterzuholen. Alles Weitere würde sich ergeben, die Kinder sollten öfter kommen und kamen öfter, ihre Mutter erzählte ihnen von Vögeln und Drachen, die sie durch ihre vergitterten Fenster am Himmel gesehen hätte, es würde alles gut werden . . . Aber es wurde nicht gut. Andere Botschaften als die meiner Kinder mit ihren selbstgebastelten Geschenken und Bildern gelangten in Ulrikes Zelle, wurden über Anwälte illegal zugestellt, die »Gruppe« hatte wieder von ihr Besitz ergriffen. Nachdem sie aus dem Isoliertrakt heraus und, wenn auch in Einzelhaft, in den Normalvollzug eingegliedert worden war, begann sie auf Befehl (sie nannten es Beschluß) mit einem neuen, furchtbaren Gemeinschafts-Hungerstreik für die Zusammenlegung der »politischen Gefangenen«. Sie griff die Wärterinnen tätlich an, der Hungerstreik zog sich endlos hin, und meine Kinder sahen, zwar ohne Schock, aber mit Befremden auf ihre Mutter, die im Besucherzimmer saß, abgemagert und fürchterlich apathisch, mit bleichem, angeschwollenem Gesicht und blau angelaufenen Händen, auch vom Hungerstreik berichtend, aber immer noch verzweifelt lustige Geschichten für die Kinder erfindend, ihre wunderbaren, großen und schönen Kinder.

Im Oktober 1973, als die Zwillinge schon in das Gymnasium eingeschult waren, schrieb Ulrike den Kindern: »Also ich mach' mir jetzt ziemlich viele Gedanken über Euch. Oma (die Mutter Röhls, Frida Röhl) soll mal schreiben, wie's läuft. Sagt ihr das. Und besucht mich! Und schreibt – los! Oder malt mir was, ja? Ich finde, ich brauch' mal wieder ein neues Bild. Die ich hab', kenn' ich jetzt auswendig. Meine Idee, daß Ihr mal sagen sollt, wie ich denn nun bei Euch heiße, war glaube ich eine Schnapsidee. Ich bin eben Eure Mami, fertig.«

Dann muß, anders ist es nicht zu erklären, der Befehl gekommen sein, der revolutionäre, bösartige, mörderisch-antihumane Befehl Baaders und Ensslins, den Kontakt mit den Kindern abzubrechen.

Zur Adventszeit 1973 bastelten die Kinder Kalender, malten Bilder und klebten andere kleine Geschenke zusammen, die wir mit dem zugelassenen Obst und Genußmitteln in einem Paket nach Köln schickten. Weihnachten würden wir eine längere Besuchserlaubnis bekommen . . .

Das Paket kam kurz vor Weihnachten zurück. Annahme verweigert. Kein Brief, keine Zeile. Auch auf die Briefe der Kinder antwortete sie nicht mehr. Die Kinder haben sie nie mehr wiedergesehen.

Wenige Monate später wurde Ulrike Meinhof mit Gudrun Ensslin zusammengelegt. Baader aber begann nun, mit seinen Mithäftlingen russisches Roulette zu spielen. Das Mordinstrument, statt einer Pistole: der Hungerstreik. Der Kampf sollte weitergeführt werden, auch aus dem Knast. Das geschah nach einem abgestuften System: Öffentlichkeitsappelle zum Mitleid für die im »Toten Trakt«, später durch Zwangsernährung »Gefolterten«, erstes Ziel Zusammenlegung zu aktionsfähigen Gruppen. Ausbruch oder Befreiung von außen, durch Geiselnahme etwa, dann neue Aktionen. Die Methode ist nicht neu. Sie stammt aus Irland, wo sie schon ein Jahrhundert lang im Kampf gegen die englische Fremdherrschaft angewandt wird. Auch bei den nordirischen Terroristen kommt es vor, daß ein besonders prominenter und beliebter Häftling beim Hungerstreik sterben muß, regelrecht geopfert wird, nach vorheriger Absprache, um so zahlreiche neue Anhänger für den Kampf zu gewinnen.

Baader befiehlt den Hungerstreik bis zum Ende: »Ich denke, wir werden den Hungerstreik diesmal nicht abbrechen. Das heißt, es werden Typen dabei draufgehen«, schrieb er in einem durch den Infodienst und die als Kuriere dienenden Anwälte verbreiteten Rundschreiben. Und Ensslin schrieb: »Eine Waffe wird der Hungerstreik nur, wenn klar ist, daß er durchgehalten wird ... auch wenn es Kranke und Tote gibt.« Es beginnt der große Hungerstreik von 1974, bei dem Ulrike Meinhof ganz dicht vor dem Tod durch Nierenversagen ist, während Baader bei einer ärztlichen Zwangsuntersuchung Hähnchenfleisch aus dem Magen gepumpt wird. Am Ende stirbt aber nicht, wie wahrscheinlich vorgesehen, Ulrike, sondern Holger Meins, dem, nachdem sein Kreislauf schon zusammengebrochen ist, sein Anwalt Lang noch eine Gauloise ohne Filter in den Mund schiebt.

Das alles ist nachzulesen bei Stefan Aust, der 1985 ein Buch über den »Baader-Meinhof-Komplex« geschrieben hat.[7] Stefan Aust, der die Kinder als Siebenjährige in Sizilien befreit hatte – was ihm nicht genug gedankt werden kann, ließ sich 1984 von den nunmehr mündig gewordenen Zwillingen als Alleinerben von Ulrike Meinhof eine Generalvollmacht zur Einsicht in die gesamten Akten und Hinterlassenschaften, Briefe und Papiere ihrer Mutter ausstellen. Mit Hilfe dieses priviligierten Aktenzugangs schrieb er das Buch und drehte einen gleichnamigen Film, was ihm Einnahmen von (niedrig geschätzt) etwa zwei Millionen Mark einbrachte. Ich hatte immer gedacht, er würde den Kindern davon während ihres Studiums eine müde Mark zukommen lassen. Er tat es nicht. Man möge es ihm verzeihen, er ist – stadtbekannt – geradezu krankhaft geizig.

Der Hungerstreik wird abgebrochen, die Behörden, durch die beispiellose Kampagne der liberalen Massenmedien verunsichert, legen die vier prominenten Häftlinge in einem Gemeinschaftstrakt in Stammheim zusammen: Raspe, Baader, Ensslin und Ulrike Meinhof. Täglich vier Stunden dürfen die Frauen zusammensein. Weitere vier Stunden ist Gemeinschafts»umschluß« für alle vier. Nachts werden die beiden Männer und die beiden Frauen zusammengeschlossen. Dazwischen liegt der Gemeinschaftsraum mit Tischtennis und Fernsehen.

Offiziell sind für jeden der Häftlinge bis zu zwanzig Anwälte zugelassen, die jederzeit Besuchserlaubnis beantragen können. Ein ständiges Kommen und Gehen wie in einem Großraumbüro. Unter diesen Umständen wird der kommende Prozeß vorbereitet. Die Angeklagten bereiten sich auf einen großen öffentlichen Auftritt mit einer politischen Grundsatzerklärung vor. Dabei wollen sie die Verantwortung für immerhin fünfzehn politische Morde übernehmen, die für sie Opfer in einem Krieg sind, den sie der Bundesrepublik erklärt haben. Dies wollen sie vor einer breiten internationalen Öffentlichkeit erläutern, um sich wieder als ernstzunehmende politische Gruppe zu profilieren.

Bei der Formulierung der Erklärung gibt es immer wieder heftigen Streit zwischen Ulrike Meinhof und den anderen, vor allem Gudrun Ensslin. Am Dienstag, dem 4. Mai 1976, soll in Stuttgart-Stammheim eine Verhandlung stattfinden, in der die Anwälte mit der Verlesung der politischen Beweisanträge beginnen und die Angeklagten Erklärungen abgeben. Nur Ulrike Meinhof, die wichtigste politische Persönlichkeit der RAF, gibt keine Erklärung ab. Sie hört die vorbereiteten Erklärungen ihrer Mithäftlinge auch nicht an. Sie verläßt um 14.24 Uhr den Sitzungssaal – um ihn nie wieder zu betreten. In der

Nacht zum darauf folgenden Sonntag, dem Muttertag (wieder hatten die Zwillinge ein Päckchen an ihre Mutter ins Gefängnis geschickt), findet man sie in ihrer Zelle tot auf, in einer Schlinge aus Handtüchern hängend. Selbstmord oder Mord? Nach einem Gutachten und einem von den RAF-Anwälten und Verwandten bestellten Gegengutachten wird die Leiche freigegeben. Ein Jahr später behauptet eine Internationale Kommission in einer ausführlichen Dokumentation[8], daß Ulrike Meinhof die Tat unmöglich allein ausgeführt haben kann. Auch sie kann nicht erklären, warum an der Leiche Spermaspuren und Blutergüsse, die auf Gewaltanwendung schließen lassen, festgestellt wurden.

Aust ist sehr vorsichtig in der Beurteilung der Todesursachen. Doch war Ulrike Meinhof nicht schon zur Zeit des großen Hungerstreiks dazu ausersehen gewesen, das erste Todesopfer zu sein, das die Öffentlichkeit mobilisieren sollte? Aust deutet nur sehr vorsichtig an, daß Ulrike von Baader und Ensslin am Ende in den Tod getrieben worden sein könnte, weil die Ensslin sich in der Erklärung vor dem Gericht ausdrücklich von dem Attentat auf das Springer-Haus in Hamburg, bei dem eine Angestellte ihr Augenlicht verloren hat, distanzierte.[9] Er beschreibt auch den Psychoterror, den die ganze Gruppe gegen Ulrike Meinhof ausgeübt hat. Einen Zusammenhang zwischen diesem Gruppenterror und dem Tod Ulrikes will Aust nicht sehen.

Ich möchte, fast zwanzig Jahre nach Ulrikes »Selbstmord«, den ich, ebenso wie die internationale Untersuchungskommission, für unmöglich halte, weniger vorsichtig sein. Statt dessen sollen hier einige bei Ulrike Meinhof gefundene Papiere sprechen, sogenannte Zellenzirkulare, an deren Echtheit, was die Handschrift Ulrike Meinhofs angeht, kein Zweifel besteht.

Es handelt sich um kleine, maschinengeschriebene, aber handschriftlich ergänzte Zettel, die mir vorgelegen haben. Sie wurden wie Aktennotizen über alle wichtigen Vorgänge unter den Häftlingen weitergereicht, obwohl die beiden Frauen vier Stunden am Tag zusammensein durften und sogar weitere vier Stunden mit den männlichen Häftlingen Baader und Raspe zusammengeschlossen wurden (Umschluß). Wahrscheinlich zog man solche Kassiber, die schnell vernichtet werden konnten, den – von Justizbeamten möglicherweise abgehörten – Gesprächen vor. Diese Papiere sind nur ein winziger Bruchteil der vermutlich vielen Hunderte oder gar Tausende der unter den Häftlingen zirkulierenden Papiere. Die meisten wurden sicher aus Sicherheitsgründen sogleich wieder vernichtet, deshalb besitzen wir nur die Kassiber der letzten Tage vor Ulrikes Tod. Diese Dokumente offenbaren ein Schreckensszenario von Selbsterniedrigung und Selbstzerstörung, die die einschlägigen Fiktionen von Camus und Sartre übertreffen.

Bei den Zirkularen geht es um die Vorbereitung einer Grundsatzerklärung, die man bei Beginn der Hauptverhandlung vor Gericht vortragen wollte. Ulrike Meinhof sollte den Entwurf schreiben, mußte aber Zeile für Zeile von Gudrun Ensslin kontrollieren lassen, die ihrerseits dann die Entwürfe an die »Typen« (Männer) weiterleitete. Dabei kam es zu ständigen Auseinandersetzungen, die sich auch an politischen Fragen (der Beurteilung der Politik Willy Brandts zum Beispiel) entzündeten. Hier einige Auszüge:

Ulrike Meinhof: »Angst ist reaktionär. Das einzige, was mich schon ziemlich lange daran hindert, vorzuschlagen, daß Jan (Raspe) statt G. (Gudrun E.) mein Zeug kontrolliert, ist Angst – nur – die ML-Struktur zwischen G. und mir muß aufhören – ich glaube nicht, daß sie sie besser aushält als ich, ich blick da nicht durch oder will da nicht durchblicken – es geht mich nichts an – aber *ich halte es nicht mehr aus . . .«*

Ulrike Meinhof: »Das ist nicht mystisch, wenn ich sage, *ich halte das nicht mehr aus.* Was ich nicht aushalte ist, daß ich mich nicht wehren kann. Also es laufen einfach 'n Haufen Sachen durch, ich sage nichts, aber ich knalle an die Decke, über ihre Gemeinheit und Hinterhältigkeit. G. weiß, daß ich nichts sage, wenn sie lügt, es bleibt auch dabei. Aber *ich halte es nicht aus.* Wie soll ich je zu mir kommen, wenn ich gleichzeitig gezwungen bin, mit dem Schweinebild, das sie von mir im Kopf hat, zu koexistieren?« Am Rande dieses Zettels stehen in der Handschrift Gudrun Ensslins die Worte »Projektion. Paranoia. Schwein«.

Ulrike Meinhof: »*Ich halte das nicht aus.* Ich will das nicht. Es ist auch ziellos. So – kommen wir nie zusammen. Weil es nicht darum geht, den anderen als Kämpfer anzuerkennen, sondern darum, zusammen zu kämpfen. Eben nicht um den Status, sondern darum, daß die Sachen gemacht werden.«

Gudrun Ensslin: »Es war vor drei Wochen, morgens, bevor wir runtergehen, lese ich, was U. geschrieben hat. Mir fällt auf, daß an der Stelle, wo es um die Konkretisierung CIA/BRD geht, zwar Jom Kippur gesagt wird, aber nicht Willy Brandt dazu. Das sage ich U., als sie anfängt, zu piesacken: zuerst, daß es doch dastünde, dann, daß sie es absichtlich weggelassen hätte, dann bin ich geplatzt und habe ihr erklärt, daß sie das lassen soll: mich anzufallen, elitär zu sein und mir gleichzeitig verbieten zu wollen, mich zu wehren.«

Gudrun Ensslin: »Ich sehe das so:

1. Gibt es die Tatsache, daß ich zu oft nicht kritisieren kann.

2. Gibt es die Tatsache, daß U. von mir nicht kritisiert werden will und ob überhaupt von irgendeinem Menschen außer Andreas – mal sehen.

3. Gibt es diesen Mechanismus: daß U. auf mich wütend und mehr wird, wenn sie Scheiße geschrieben hat und ich das vorher gelesen habe – wie es meistens ist: kurz davor – und es zu den Typen rüberkommt. Die Roll (Carmen Roll) hat diesen Mechanismus mal, als sie noch hier war – genau analysiert: Ihre Wut – Aggressivität gegen mich, wenn ich ihr Zeug vorher gelesen hatte und es kam zurück mit ›Dreck‹, von drüben.« (Hervorhebungen in Klammern vom Verf.)

Diese wenigen Papiere sind sehr aufschlußreich: Die »beste Journalistin und größte Frau seit Rosa Luxemburg« (Erich Fried) mußte ihre Entwürfe täglich Gudrun Ensslin vorlegen und kontrollieren lassen, bevor die Arbeit dann, mit Kommentaren von Ensslin, an die »Typen« weiterging und oft genug von Baader mit dem Vermerk »Scheiße« oder »Dreck« zurückgewiesen wurde. Leute, die in ihrem Leben noch keine Zeile veröffentlicht hatten, kontrollierten die Arbeit der selbst im Gefängnis noch gut formulierenden Kolumnistin und verlangten rüde Änderungen (»warum hast du nicht das geschrieben, was Andreas gesagt hat?«).

Von einem freundschaflichen, solidarischen Verhältnis der Gefangenen untereinander kann keine Rede sein. Besonders das Verhältnis Gudrun Ensslins zu Ulrike Meinhof war gekennzeichnet durch Mißtrauen, Rivalität und Haß.

Ulrike Meinhof befand sich in einer doppelten Isolation. Außer den Sicherheitsmaßnahmen, denen die Gruppe innerhalb des Gefängnisses ausgesetzt war, ohne Kontakt zu Freunden, Verwandten, ihren Kindern, wurde sie von ihren Mithäftlingen gedemütigt, geschnitten und isoliert. Zu den inhaltlichen Gegenständen der Auseinandersetzung gehört auch, daß Ulrike Meinhof offenbar eine differenzierte politische Auffassung gegenüber der SPD (Brandt) in der Grundsatzerklärung durchsetzen wollte.

In allen drei Kassibern wiederholt sich als unübersehbares Signal der Satz: Ich halte das nicht aus. Diese Bemerkungen müssen als dringliche Signale an die Gruppe verstanden werden, die offenbar nicht aufgenommen wurden, sondern mit Worten wie »Schwein«, »Paranoia« kommentiert wurden.

Selbstmord oder Beihilfe zum Selbstmord? Die unbequeme Intellektuelle, die einzige geistige Persönlichkeit der ganzen RAF, die aus dem Psychoterror der Binnengruppe möglicherweise herauswollte und darüber informiert war, daß ein Großteil der linken Öffentlichkeit, von Frau Riemeck bis Rudi Dutschke, von Oskar Negt bis Wallraff ihr vorgeworfen hatte, daß die Tätigkeit der RAF schädlich, politisch »konterrevolutionär« sei, wollte oder konnte nicht mehr. Tatsache ist, daß sie sich weigerte, die politischen Grundsatzerklärungen im Anschluß an die Beweisanträge der Anwälte mitzutragen oder auch nur anzuhören. War es nicht durchaus denkbar, daß sie vorhatte, bei der nächsten Sitzung öffentlich Selbstkritik zu üben, wie Mahler es anläßlich der Lorenz-Entführung getan hatte? Das wäre in den Augen der Gruppe »Verrat« gewesen, und auf Verrat stand, das war unzählige Male gesagt und geschrieben worden, der Tod. Damit hätten wir einen einzigen Personenkreis, der unmittelbaren Zugang zu Ulrikes Zelle hatte und ein eindeutiges Motiv für einen Mord – einen Fememord.

Einen Fememord, der aus dem Opfer auch noch eine Märtyrerin machen würde, deren Tod die gesamte Öffentlichkeit noch einmal mobilisieren würde? Die Erklärungen der Bande in den Tagen nach dem Tod Ulrikes, in der sie als Märtyrerin hingestellt wird, die wie Rosa Luxemburg von ihren politischen Gegnern ermordet worden sei, weisen darauf hin. An solchen Fememorden ist die Geschichte des politischen Terrorismus reich.

Nur die Gruppenmitglieder, besonders die Ensslin, konnten sich leicht Zugang zu den nebeneinanderliegenden Zellen verschaffen. Wie sich später herausstellte, konnten sie über ihre Anwaltskuriere sogar Waffen einschleusen lassen. Warum sollte es nicht längst gelungen sein, Nachschlüssel zu den Zellentüren zu beschaffen? Offenbar war es ja auch möglich, daß das Pärchen Baader/Ensslin sich zusammenschließen ließ und intimen Kontakt miteinander hatte.

Aust, der sich intensiv mit dem Baader-Meinhof-Komplex beschäftigt hat, ist diese Konsequenz durchaus bewußt. So hat er sie am Ende seines Buches verschlüsselt, aber unmißverständlich für alle, die Brechts Lehrstück »Die Maßnahme« gut kennen, angedeutet: »Als Kriminalbeamte nach dem Tod der Gefangenen im siebten Stock der Vollzugsanstalt Stuttgart-Stammheim die Zelle Gudrun Ensslins durchsuchten, fanden sie ein Buch mit den ›Lehrstücken‹ Bertolt Brechts. Darin enthalten war ›Die Maßnahme‹, aus der die Gefangenen in ihren Briefen immer wieder zitiert hatten. In der ›Maßnahme‹ heißt es:

Furchtbar ist es, zu töten.
Aber nicht andere nur, auch uns töten wir,
    wenn es nottut
Da doch nur mit Gewalt diese tötende
Welt zu ändern ist, wie
Jeder Lebende weiß.«
Aust kommt mit dieser Andeutung der Sache sehr nahe.

116

Das richtige, für den Fememord plädierende Zitat aber hat der vielbeschäftigte Manager, der schon mal einen Vers nur so aus dem Gedächtnis zitiert[10], uns leider vorenthalten. Es ist ein Schlüsselzitat des literarischen Stalinismus und geht dem von Aust zitierten Vers unmittelbar voran. Die vier kommunistischen Agitatoren berichten, wie sie einen von ihnen, der die Partei verraten hat, töten mußten:

»Wir beschlossen:
Dann muß er verschwinden, und zwar ganz.
Denn wir müssen zurück zu unserer Arbeit
Und ihn können wir nicht mitnehmen und nicht
   da lassen
Also müssen wir ihn erschießen und in die
   Kalkgrube werfen
Denn der Kalk verbrennt ihn.«

Sie fragen ihn, ob er einverstanden ist mit der Erschießung. Er sagt ja, er hätte immer falsch gehandelt, und es sei jetzt besser, er wäre nicht da. Dann fragen sie ihn, ob er es allein tun wolle. Er sagt, sie mögen ihm dabei helfen. Darauf die Agitatoren:

»Lehne deinen Kopf an unsern Arm
Schließ die Augen.«
»Er sagte noch: Im Interesse des Kommunismus
Einverstanden mit dem Vormarsch der proletarischen
   Massen
Aller Länder
Ja sagend zur Revolutionierung der Welt.«
Noch Fragen?

SECHSTES KAPITEL

Brüder zur Sonne – Schwestern zum Mond

Nach der Drogenszene und dem Terrorismus ist nun die dritte häßliche, monströse Nachgeburt von 1968 an der Reihe: der radikale Feminismus, eine grausame, im Grunde rassistische Apartheidslehre. Von allen monströsen Folgen der einst so hoffnungsvollen Utopie wird er wahrscheinlich am ehesten die Jahrtausendwende überdauern, untrennbar verkettet und geschützt von der achtbaren Reformbewegung für die Gleichstellung der Frauen, die verwirrenderweise ebenfalls den Namen »Feminismus« trägt. Man vergleiche die Benennung verschiedener Gesellschaftsentwürfe unter dem Namen Sozialismus (Realer Sozialismus, chinesischer Sozialismus, nordkoreanischer Sozialismus, kubanischer Sozialismus, Sozialismus mit menschlichem Antlitz, Sozialismus in der Kritischen Theorie, National-Sozialismus . . .).

Auch der militante, rassistische, lesbische Radikalfeminismus hatte 1969 seinen ersten Auftritt, bei dem die negativen Seiten bereits voll ausgebildet waren, und wieder wurden diese ersten Ansätze in *Konkret* gelobt, wieder war Klaus Rainer Röhl, nicht nur im Sinne des Pressegesetzes, voll verantwortlich, und wieder hatte Ulrike Meinhof ihre Hand im Spiel. Das letztere konnte nicht überraschen, sie war die geborene Feministin: von Frauen erzogen, der lesbischen Missionsarbeit lange Zeit ausgesetzt, mit einem unbefangen männlichen (in der Sprache des neuen Unmenschen: »chauvinistischen«) Mann verheiratet, Mutter von Kindern, die ihr für ihre Berufsarbeit einigermaßen lästig erschienen (das kann ich beweisen), geschieden, enttäuscht von der Welt, enttäuscht von den Männern, dem Realen Sozialismus, der außerparlamentarischen Bewegung und der Großen Koalition, stolperte sie schließlich in Baaders Armee Fraktion hinein. Deshalb war ihr Gastspiel bei der Frauenbewegung nur kurz, immerhin ist sie bei den Anfängen dabei.

Am Anfang war das Beil. Es war aus Papier. Nach Art von Kinderzeichnungen oder Toilettenkritzeleien ungelenk gemalt, stand es wie ein Totemzeichen auf der Rückseite eines hektographierten Schreibmaschinenblatts. Junge Frauen, Studentinnen des SDS, verteilten dieses Flugblatt Ende November 1969 auf einer Konferenz in Frankfurt am Main. Die Studentinnen, die das Flugblatt verteilten, nannten sich ironisch »Weiberrat«, weil das Wort Weiber, das noch zu Goethes Zeiten einfach »Frauen« bedeutete, in unserer Zeit nur noch verächtlich von Männern benutzt wird: »die Weiber«, »alte Weiber«, »wilde Weiber«, »dicke Weiber«, »Klatschweiber«, »geile Weiber«. Männlicher Stammtischausdruck für Frauen. Jetzt nehmen die gegen ihre männlichen Genossen rebellierenden Studentinnen das Wort »Weiber« auf und machen daraus einen Ehrennamen, gleich den niederländischen Rebellen, die im 17. Jahrhundert gegen die spanische Besatzung aufstanden, wegen ihrer Armut verächtlich »Geusen« (Bettler) genannt wurden und sich fortan selbst Geusen nannten, stolz auf ihr Rebellentum.

Das Flugblatt des Weiberrats endete mit dem fettgedruckten Satz: »Befreit die sozialistischen Eminenzen/ von ihren autoritären Schwänzen!«.

Die Aufforderung war doppeldeutig. Hätte auch symbolisch verstanden werden können. Schneidet die Zöpfe ab, hieß es zu Zeiten Metternichs. Die Zöpfe der Rokoko-Zeit galten als Symbol einer verstaubten, untergehenden Epoche, die man durch Reformen überwinden wollte.

Legt euer bürgerlich-männliches Verhalten ab! So hätte man (= Mann) den Satz auslegen können. Doch den vieldeutigen Spruch machte das Hackebeil eindeutig. Die Zeichnung interpretierte den Satz. Es handelte sich um eine Drohung. Die Drohung, die Männer zu kastrieren. Das Flugblatt entwarf die spätere Filmemacherin Heike Sanders.

Sicher sollte das ein makabrer Scherz sein, der in der Tradition des schwarzen Humors stand. Auf der Zeichnung ist eine Frau zu sehen, häßlich und unansehnlich, wie in den satirischen Zeitungen früher die Schwiegermütter gemalt worden waren. Sie liegt auf dem Sofa in Ruhestellung. Neben sich hält sie das großformatige Hackebeil gesenkt. Über ihr hängen sechs Trophäen, runde Holzbrettchen, auf denen abgehackte, aber erigierte Penisse stehen, wie Hirschgeweihe im Wohnzimmer eines Hobbyjägers. Die Penisse haben verschiedene Längen und Durchmesser. Neben jeder Trophäe steht der Name einer politischen »Autorität« der antiautoritären Bewegung.

Wir wissen nicht, aus wessen Unterbewußtsein da die Kastrationsphantasie in die Tagespolitik getreten ist, wer hier seinen Tagtraum, seinen Verstümmelungswunsch magisch aufzeichnete. Auch nicht, warum die anderen Unterzeichnerinnen des Flugblattes, alles Studentinnen, die, wenn auch oberflächlich, psychologisch geschult waren und vermutlich Begriffe wie Penisneid und Kastrationsangst kannten, die Zeichnerin nicht bremsten. Aber die Frauen vom »Weiberrat« protestierten nicht gegen das Hackebeil, fanden den Scherz vielleicht sogar gut. Eine Übertreibung, gewiß, aber: so schlimm ist die Lage der Frauen. So groß ist unsere Wut über die Männer, diese autoritären Macker, die Penisträger, die »Schwänze«.

Einen Monat vor dem Flugblatt mit dem Hackebeil

hatten einige Frauen des SDS schon faule Tomaten auf ihre Genossen geworfen, auf der 23. Delegiertenkonferenz des SDS in Frankfurt. Das waren Studentinnen des Westberliner »Aktionsrats zur Befreiung der Frau«, gegründet von sieben Frauen im Januar 1968. Es war die erste Frauengruppe, die Apartheid praktizierte. Für Männer verboten! stand (noch unsichtbar) über dem Eingang ihres Büros. Es war der Beginn einer langen Absonderung, einer neuen Art von Rassismus. Die eine Hälfte der Bevölkerung wurde von der anderen nicht mehr geduldet.

Jahrhundertelang hatten Frauen um Zugang zu vielen Institutionen gekämpft, die ihnen verschlossen geblieben waren: Ratsversammlungen, Universitäten, Schulen, Vereine, Clubs, Wahlversammlungen, Parteien und Verbände. Diesmal versperrten sie selbst den Männern den Zugang.

Die Tomatenaktion von Frankfurt, von bürgerlichen Zeitungen mit ironischen Bemerkungen kommentiert, hatte dennoch großen Erfolg: in *Konkret*, mit einer Druckauflage von 200 000 damals von einer Million junger Linker gelesen. Dort rechtfertigte die 35jährige Ulrike Meinhof das Tomatenwerfen und gab damit der Aktion ein Echo und eine Bedeutung, die sie eigentlich nie gehabt hatte:

»Daß Tomaten und Eier sehr gut geeignet sind, Öffentlichkeit herzustellen, wo andernfalls die Sache totgeschwiegen worden wäre, ist seit dem Schahbesuch sattsam bekannt. Als Verstärker von Argumenten haben sie sich schon mehrfach als nützlich erwiesen. Aber die Studenten, die da den Schah besudelten, handelten doch nicht in eigener Sache, eher stellvertretend für die persischen Bauern, die sich zur Zeit nicht wehren können, und die Tomaten konnten nur Symbole sein für bessere Wurfgeschosse.« – Wie wahr. Die Anhänger Khomeinis steinigen ihre politischen Gegner zu Tode. Übrigens auch ehebrechende – Frauen!

»Die Tomaten, die auf der Frankfurter Delegiertenkonferenz des SDS geflogen sind, hatten keinen Symbolcharakter. Die Männer, deren Anzüge (die Frauen wieder reinigen werden) bekleckert wurden, sollten gezwungen werden, über Sachen nachzudenken, über die sie noch nicht nachgedacht haben . . . der Konflikt, der in Frankfurt nach ich weiß nicht wie vielen Jahrzehnten wieder öffentlich geworden ist – wenn er es so dezidiert überhaupt schon jemals war –, ist kein erfundener, keiner, zu dem man sich so oder so verhalten kann, kein angelesener: den kennt, wer Familie hat, auswendig, nur daß hier erstmalig klargestellt wurde, daß diese Privatsache keine Privatsache ist. Der *Stern*-Redakteur, der die Sache griffig abgefieselt hat, hat nur noch nicht gemerkt, daß gar nicht nur von der Unterdrückung der Frauen im SDS die Rede war, sondern sehr wohl von der Unterdrückung seiner eigenen Frau in seiner eigenen Familie durch ihn selbst.«

Der *Stern*-Redakteur, dessen Frau allerdings frauenhausreif von ihm unterdrückt wurde, war unser damaliger Party-Freund Manfred Bissinger, seitdem, unter wechselnden Verlegern und nie wechselndem Mißgeschick, Zeitschriften-Macher, bei Redaktionsschluß noch Chefredakteur der *Woche* (Stand: 31. Juli 1994).

Weiter im Leitartikel Ulrike Meinhofs: »Die Frauen aus Berlin in Frankfurt wollten nicht mehr mitspielen, da ihnen die ganze Last der Erziehung der Kinder zufällt, sie aber keinen Einfluß darauf haben, woher, wohin, wozu die Kinder erzogen werden . . . Sie haben klargestellt, daß die Unvereinbarkeit von Kinderaufzucht und außerhäuslicher Arbeit nicht ihr persönliches Versagen ist, sondern Sache der Gesellschaft, die die Unvereinbarkeit gestiftet

122

hat. Sie haben allerhand klargestellt. Als die Männer darauf nicht eingehen wollten, kriegten sie Tomaten auf den Kopf ... Die Reaktion der Männer auf der Delegiertenkonferenz und auch die der immer noch wohlwollenden Berichterstatter zeigte, daß vorerst noch ganze Güterzüge Tomaten verfeuert werden müssen, bis da etwas dämmert.«

Ulrike Meinhof betitelte ihren Leitartikel selbst: »Die Frauen im SDS oder in eigener Sache«. Ihre eigene Sache: Sie ist frisch geschieden, hat zwei kleine Kinder, die sie beanspruchen, und ist einzige Kolumnistin in einer Männerredaktion.

Dieses frühe Dokument des Feminismus zeigt sehr gut die Richtung an, die die radikale Frauenbewegung bald einschlagen wird: Sie entwickelt sich zunächst auf dem Boden eines sozialistischen Kampfbundes gegen den »Kapitalismus«, weist aber bereits darüber hinaus in die Richtung »Kampf gegen die Männer«, die bei Ulrike Meinhof noch ganz marxistisch »Funktionäre der kapitalistischen Gesellschaft zur Unterdrückung der Frau« sind. Die späteren Radikalfeministinnen würden sagen, der Kampf gegen die Männer ist bei ihr noch dem Kampf gegen die kapitalistische Gesellschaft untergeordnet.

Doch werden bei Ulrike Meinhof auch schon separatistische Töne angeschlagen, die Apartheid wird thematisiert. Zum Beispiel erklärt sie, der SDS solle sich nicht die Frauenfrage »zu eigen« machen, und die Frauen verlangten nichts weiter, als in dieser Sache in Ruhe gelassen zu werden.

Die Männer. Die Frauen. Hausarbeit und Kinderhüten und politische Arbeit machen. Das klingt alles ein bißchen abstrakt. Was bei einem Fließbandarbeiter plausibel erscheinen würde, daß er, an seinem Arbeitsplatz gedeckt und zermürbt, nach Feierabend als Haustyrann Frau und Kinder anschreit und unterdrückt, will für den studentischen Bereich, aus dem die Frauen des »Weiberrats« ausnahmslos kommen, nicht recht einleuchten. Die studentischen Ehepaare und unverheiratet zusammenlebenden Paare waren in der Regel wohl gleich »unterdrückt«, wenn man das Leben an einer Universität Unterdrückung nennen will. In dieser Zeit, in der alles in Frage gestellt wurde, nannte man freilich alle möglichen Dinge Unterdrückung, oder mit einem Lieblingsausdruck der Zeit: Repression. Zum Beispiel die Notwendigkeit, Seminare zu besuchen, Referate zu halten, Klausuren zu schreiben, ja schließlich Examen abzulegen.

Sicherlich kam es kaum vor, daß ein so »unterdrückter« Linker am Abend nach Hause kam und seine Partnerin »unterdrückte«, indem er sich etwa vor die Stereoanlage oder den Fernseher setzte und erwartete, daß ihm die Genossin eine warme Mahlzeit, ein kühles Bier und anschließend Zärtlichkeit/Sex anbot. Auch hat er, nach allen Erfahrungen aus der damaligen Zeit, kaum erwartet, daß sie ihm »die Kinder vom Leib hält und die Hemden bügelt« (Meinhof). Die Erfahrungen aller damaligen Genossen ging wohl eher dahin, daß sie und er, von ihrer Uni-Arbeit oder den vielen Demonstrationen, Sit-ins, Go-ins und endlosen Diskussionen ermüdet, in eine noch von den Vortagen monströs unaufgeräumte Studentenbude kamen, irgendeine Mahlzeit, warm oder kalt, hinunterschlangen, eine Flasche Bier oder Rotwein öffneten und mit anderen Genossen weiter diskutierten, oder, wenn es denn sein mußte, an ihrem Referat arbeiteten. Allenfalls könnte die »Unterdrückung der eigenen Frau« darin bestanden haben, daß der Mann von seiner Freundin unbilligerweise »Sex verlangt« hätte, unter jungen und sich üblicherweise ja zugeneigten Pärchen keine so fürchterliche Unterdrückung, da die Genossin meistens ebenso gerne »Sex verlangte«.

Dennoch hatte der scheinbar hergeholte Streit einen realen Kern und die Empörung einen handfesten Grund: Da die Antibabypille gerade erst eingeführt wurde und Abtreibungen nur unter erschwerten Bedingungen möglich waren, gab es bei den Studenten dieser Zeit viele ungewollte Schwangerschaften, sprich Kinder. Die Notwendigkeit der Anwesenheit der Mutter (der weiblichen »Bezugsperson«) für die Säuglinge, besonders in den ersten Lebensmonaten, war gerade dieser Generation bekannt. Das führte in vielen Fällen zu einem Abbruch des Studiums durch die Frau oder zu einem Studium mit vielen Hindernissen und Schwierigkeiten. Ganz sicher schränkte es die vielen neuen und zusätzlichen Aktivitäten, die jetzt gefordert waren, das tage- und nächtelange Herumsitzen bei politischen Diskussionen und Demonstrationen, Go-ins, Sit-ins, Seminar- und Hausbesetzungen empfindlich ein. Wenn die studentische Genossin von damals auch kein Essen kochte und keine Hemden bügelte, keine Betten machte und nicht wusch oder putzte, ihre Kinder mochte selbst die aktivste Demonstrantin nicht abends allein zu Hause lassen – von seltenen Ausnahmen einmal abgesehen.

Es wird nie ermittelt werden können, welches agitatorische oder schriftstellerische Talent uns damals durch zuviel Kinderbetreuung verloren gegangen ist. Ulrike jedenfalls konnte jahrelang, von zwei Kindern und einem großen Haushalt unbehelligt, ihre Tätigkeit als Leitautorin der Linken ausüben, weil ihr Mann sich mit ihr (und einer stundenweise engagierten Haushälterin) die Arbeit teilte. *Sie* wusch und bügelte keine Hemden.

Ulrike Meinhof hat sich nach diesem sicherlich viele Frauen mobilisierenden Aufruf und einem vielbeachteten

Funkfeature über Frauenarbeit in der Bundesrepublik nicht weiter mit diesem Thema befaßt. Sie ging den Weg in die Lebenslüge »Feminismus« selbst nicht weiter mit, machte nie einen Ansatz, Frauengruppen zu bilden oder etwa eine Frauenzeitung zu gründen oder einer der vielen Apartheids-Gruppen beizutreten – sie ging den Weg in ihre eigene Sackgasse: Sie lernt im gleichen Monat Gudrun Ensslin und Andreas Baader kennen und schreibt ihren berühmten Artikel »Warenhausbrandstiftung«, anderthalb Jahre später ist sie Führungsmitglied in einer Räuberbande (oder Kampftruppe), in der die Frauen wenigstens nominell gleichberechtigt sind. Daß auch die RAF von einem Bilderbuch-Chauvi (Baader) beherrscht wurde, steht auf einem anderen Blatt (weiter unten).

Die Frauenbewegung mußte also ihre weiteren Schritte ohne die populäre Kolumnistin machen. Solange sie sich noch als Teil der sozialistischen Bewegung empfand, litt sie, wie diese, an dem Fehlen eines eigenen »revolutionären Objekts«, einer ausgebeuteten oder entrechteten Gruppe, für deren Befreiung man kämpfen könnte. Die Frauenrevolte war ja, wie die antiautoritäre Bewegung selbst, eine Stellvertreter-Revolution. Kämpften also die Studenten zum Beispiel für die unterdrückten Völker Asiens und Afrikas, die hungernden Indios und Schwarzafrikaner, die gefolterten Studenten in Teheran und nur mittelbar für sich selbst, so mußten auch die »Bewegungsfrauen«, wie sie sich bald selbst nannten, sich nach einem »revolutionären Objekt« umsehen.

Sie suchten und fanden ein solches Objekt, nicht ohne die Hilfe eines großen, alten – Mannes! Des Mannes, der schon 1968 der antiautoritären Bewegung selbst ein neues revolutionäres Objekt zugewiesen hatte, Randgruppen nämlich: Asoziale, Arbeitslose, Obdachlose, Kriminelle, Prostituierte. Außerdem hatte er die oppositionelle Jugend selbst, anstelle der durch »Wohlstandsangebote« eingeschläferten Arbeiterklasse, zu einem »revolutionären Subjekt« (Klasse oder Gruppe, die die Führung im revolutionären Kampf übernimmt) ernannt.[11] Diese Sätze des berühmten alten Mannes Herbert Marcuse erschienen 1968, auf dem Höhepunkt der Studentenbewegung. Fünf Jahre später entdeckte Marcuse ein neues »revolutionäres Subjekt«: die Frauen. Ihnen wird, als mächtigster »Randgruppe« der Gesellschaft, die Aufgabe zugewiesen, im Kampf gegen die kapitalistisch-patriarchalische Welt eine neue »weibliche« Gesellschaft zu schaffen, denn die weiblichen Eigenschaften selbst stehen dem »System« entgegen: »Rezeptivität, Gewaltlosigkeit, Zärtlichkeit usw. Diese Merkmale erscheinen in der Tat als der Herrschaft und Ausbeutung entgegengesetzt«[12]. Die neue erstrebenswerte Gesellschaft bezeichnet Marcuse als »weiblichen Sozialismus«: »In diesem Kontext würde die Befreiung der Frau in der Tat (immer wieder diese Unsicherheit verratende »in der Tat«-Phrase, Anm. d. Verf.) als die Antithese zum Leistungsprinzip auftreten, als die revolutionäre Funktion des Weiblichen in der Rekonstruktion der Gesellschaft.«[13]

Diese Thesen haben die feministische Bewegung tief beeinflußt, und ihr Einfluß würde heute noch viel mehr hervorgehoben werden, wenn Marcuse nicht einen kleinen genetischen Webfehler hätte: Er ist ein Mann! Welche Black-Panther-Bewegung ließe sich ihr Manifest gern von einem Weißen schreiben!

Doch der radikale Feminismus hielt sich nicht lange mit Marcuse auf. Er wollte bald mehr als nur eine (weibliche) Funktion beim Umbau der Gesellschaft sein. Er wollte (und will) die Absonderung, die Apartheid, die eigene, weiblich beherrschte Gesellschaft.

Eigentlich müßte es jeden späteren Beobachter ver-

wundern, daß nach dem Zusammenbruch des nationalsozialistischen und des sozialistisch-kommunistischen
Welterklärungssystems in unserem mittlerweile skepti-
schen Jahrhundert noch einmal ein monokausales System
Anhänger finden konnte: die Behauptung, daß die Geschichte der Menschheit seit dem Auftauchen des homo
erectus nichts weiter gewesen sei als der Kampf zwischen
den Trägern zweier verschiedener Chromosomenketten
– der Frauen und der Männer. Aber es gibt diese These,
und sie ist seit etwa 1966 auf dem Marsch. Sie kam aus
Amerika, dem Land, aus dem die meisten Trends dieses
Jahrhunderts kamen. Sie wurde nicht an einem Tag erdacht, sie entwickelte sich aus verschiedenen Ansätzen,
Umwegen und Irrwegen und ist erst heute voll ausgebildet. Und weil der radikale Feminismus (wir nennen ihn
nicht Femi-Faschismus, obwohl es viele gute Gründe dafür gäbe) sich längst von der sozialistisch-utopischen Bewegung abgekoppelt hat und weil *er* (Verzeihung für
diese typisch männerbeherrschte Grammatik), also er,
der Feminismus, von allen Verrücktheiten am zählebigsten und massenwirksamsten ist, müssen wir noch einmal
seinen Ursprüngen nachgehen.

Heißt es bei den Sozialdemokraten, zumindest am Ende
eines Parteitags, immer noch »Brüder zur Sonne, zur Freiheit!« und haben die SPD-Frauen schon mal gelegentlich
»Schwestern zur Sonne . . .« auf ihre Flugblätter geschrieben, so schwärmen ihre Schwestern vom Radikal-Femi-
nismus von einem anderen Himmelskörper: vom Mond.
Der Mond, von ganz radikalen Puristinnen auch die
»Mondin« genannt, wurde nämlich als uraltes Symbol des
Matriarchats entdeckt oder besser wiederentdeckt.

Darstellungen der Mondsichel (also zu- und abneh-
mender Mond, die älteste, schon von den Urmenschen
wahrgenommene Zeiteinheit, Maßeinheit für Menstrua-

tion und Schwangerschaft, möglicherweise auch Symbol für Schwellen und Anwachsen, Geburt, Absterben und Tod (Neumond)) finden sich als symbolische Zeichen in 40 000 Jahre alten Felsmalereien.

Dies ist nach neueren Forschungen möglicherweise ein Hinweis auf die Verehrung einer Muttergöttin, dargestellt vielleicht auch in der etwa 23 000 Jahre alten, dicksteißigen, Brust und Hüften auffällig betonenden »Venus von Möllendorf« aus der Steinzeit, einem Idol, das auf die Verehrung einer Fruchtbarkeitsgöttin hindeuten könnte. So weit, so gut, für die Feministinnen war das jedenfalls ein Hinweis auf eine – auf ein paar Nullen kommt es ja wirklich nicht an – 800 000jährige Frauenherrschaft. Alles klar?

Es ist jene angebliche Vormacht der »Mütter« in der Urgesellschaft, zu der die meinungsbildenden Schwestern des Feminismus hinstreben, und nicht die sozialistische Gleichberechtigung. Die vorherrschenden dicken Muttchen (deren Nachfahren man auch bei bestimmten Naturvölkern zu entdecken glaubte) hatten für die Ideologinnen des Feminismus etwa die gleiche Bedeutung wie die »nordische Rasse« für Hitler und Rosenberg.

Ein ganzes Denkgebäude, Rosenbergs und van Leers Rassengeschichte an Einfachheit und Plausibilität in nichts nachstehend, wurde in den letzten Jahrzehnten auf diesen Spekulationen von den Urmuttchen errichtet. Was den Nationalsozialisten die rassereinen und tugendhaften Germanen waren, sind den Feministinnen heute die sexuell promiskuitiven, daher ihre Kinder nur nach dem Mutterrecht legitimierenden, über ihre Sippen herrschenden »Mütter«.

Einmal in der Vorzeit (800 000 oder 23 000 Jahre?) angelangt, konnte man nun alles auf einfachste Weise erklären. Danach ist die Frauenfrage nicht, wie noch bei den Marxisten (gähn!), ein Nebenwiderspruch, sondern die Hauptfrage: Die Geschichte der Menschheit ist nicht die Geschichte von Rassen- oder Klassenkämpfen, sondern ein ewiger (man denke an eine normale Ehe) Krach zwischen Männern und Frauen. Nun alles klar?

Auch dieses einleuchtende System basiert, wie so viele einleuchtende Systeme, auf den Arbeiten eines deutschen Professors, des deutschen Schweizers Johann Jacob Bachofen aus Basel, übrigens ein Universitätskollege von Nietzsche. Bachofens Buch »Das Mutterrecht« erscheint 1861. Es ist, für den Stand der damaligen Vorgeschichtsforschung, eine Sensation, eine Pioniertat wie die Entdeckung Amerikas. Aber das dickleibige, mal umständlich wissenschaftlich, mal schwärmerisch-pathetisch geschriebene Buch wird von der wissenschaftlichen Welt kaum beachtet. Die Sensation bleibt unentdeckt. Vielleicht wäre Bachofen auch heute noch kaum bekannt, wenn nicht mehr als zwanzig Jahre später Friedrich Engels in seinem Buch »Der Ursprung der Familie, des Privateigentums und des Staates« dieses Buch aufgegriffen hätte, um seine Entdeckung des Matriarchats für seine Lehre vom wissenschaftlichen Sozialismus nutzbar zu machen.

Hinweise auf frührere Frauenherrschaften oder frauenrechtliche Erbfolge hatte es schon lange vor Bachofen gegeben. Doch Bachofen geht unter Bezugnahme auf antike Berichte und Analysen griechischer Tragödien (den gleichen, aus denen sein Kollege Nietzsche so ganz andere Schlüsse zieht) einen wichtigen Schritt weiter: Frauenvormacht habe es nicht nur bei irgendeinem Volk oder in irgendeinem Land der Erde gegeben, sondern bei allen Völkern.

Frauenvorherrschaft bzw. Mutterrecht sei eine bei allen Völkern der späteren Ausbildung des Patriarchats gesetzmäßig vorausgegangene Kulturstufe. Zunächst habe es in der frühen Menschheit ein ungeordnetes Herden- oder Hordenleben gegeben, bei der völlige sexuelle Promiskuität geherrscht habe. Dadurch sei notwendig die Orientierung der ersten Familie oder Sippe auf die Frau, schließlich eine regelrechte Herrschaft der Sippenältesten erwachsen, eine Gynäkokratie. In einem sehr langen vorgeschichtlichen Prozeß hätten dann die Männer, manchmal gewaltsam, die Monogamie (oder eine männlich bestimmte Polygamie) und das männliche Erbfolgerecht durchgesetzt. So hätten die Männer die Macht in Familie und Staat erobert und diese Vormachtstellung durch drakonische Gesetze gefestigt.

Einzelne Beweise für eine früher existierende Frauenvormacht und weibliches Erbrecht sind heute in der Forschung unbestritten. Nicht ganz so enthusiastisch ist die Wissenschaft heute gegenüber der These Bachofens, Frauenherrschaft sei immer, bei allen Völkern und in allen Erdteilen, ein Durchgangsstadium bei der Weiterentwicklung der Gesellschaft. Umstritten ist auch die These, während der Frauenherrschaft habe es keine Einzelehen gegeben. Das zwanzigste Jahrhundert ist nicht mehr so sicher bei der Erklärung der Welt durch perfekte, lückenlos stimmige Weltbilder.

Doch Bachofens abenteuerliche Thesen bildeten die Grundlage für die Ideologie der Feministinnen, die nicht nur Apartheid, sondern weibliche Vorherrschaft anstrebten, im wohlverstandenen Interesse der ganzen Menschheit versteht sich. Doch der liebenswerte Professor aus Basel meinte nicht die heutigen Emanzen, er meinte die Herrschaft der schöneren weiblichen Seele und ihren Hang zum Überirdischen, Geistigen und Mystischen, wenn er von der vergangenen Frauenmacht schwärmte. Dennoch gab Bachofen als erster den Frauen seiner Zeit ein neues Selbstgefühl, ein Selbst-Bewußtsein. Das Gefühl, etwas anderes, gutes und großes zu sein: eine neue Identität. Noch nie hatte jemand, seit Paulus sein Verdikt »das Weib schweige in der Kirche!« erlassen hatte (noch Goethe schrieb bekanntlich »Dienen lerne das Weib beizeiten nach seiner Bestimmung« (Hermann und Dorothea)) solche enthusiastischen Pauschalurteile über das weibliche Geschlecht zu Papier gebracht wie Bachofen. Zwar galten die Worte einem längst vergangenen Geschlecht in grauer Vorzeit, aber Bachofens »Mutterrecht« erschien in einem die Geschichte grundsätzlich romantisch verklärenden Jahrhundert, in dem man die Zustände der Vorzeit gern zum Vorbild für die Gestaltung der Zukunft nahm. Frauen, so belehrt Bachofen sein Publikum, sind nicht nur gleichwertig, sie sind besser. Ihnen, die sich trotz aller Aufklärung nie ganz von dem Trauma freimachen konnten, eben nur aus einer Rippe Adams gemacht worden zu sein und als erste Anstifterin zu sexuellen Ausschweifungen im Paradies gewissermaßen Verursacherin des Übels Arbeit zu sein, wird jetzt von Nietzsches Kollegen bescheinigt: »An das Weib knüpft sich die erste Erhebung des Menschengeschlechts, der erste Fortschritt zur Gesittung und zu einem geregelten Dasein . . . sein die erste Erkenntnis der Naturkräfte, sein die Ahnung und Zusicherung der den Todesschmerz besiegenden Hoffnung.«[14]

Pathos? Verstaubte Gelehrtenprosa des 19. Jahrhunderts? Naive Schwärmerei, die nicht mehr in diese Zeit paßt? Machen wir einen Sprung von mehr als einem Jahrhundert in das Jahr 1973 und hören die erste deutsche »Frauenschallplatte«:

»Der Tag wird kommen, wo die Berge sich bewegen,
Sie schlafen nur für eine kurze Zeit,
In der Vergangenheit haben sie sich erhoben,

Und man sah sie brennen, viele Meilen weit.
Kannst du den Fluß unter dir hören,
Wie sich sein Wasser durch die Schluchten gräbt?
Hörst du, wie langsam die Steine zerbrechen,
Und der Fluß den Sand aus den Tälern trägt?
Doch vielleicht wird daran noch niemand glauben,
Doch es gibt eins, woran sie glauben sollten:
Die Frauen, die jetzt schlafen, werden bald erwachen
Und dahin gehen, wohin sie immer wollten.«[15]
Wie kamen die Frauen der gerade zerfallenen achtundsechziger Bewegung, die eben noch an drögen marxistischen Schulungskursen teilgenommen hatten, zu diesen neuen, an die Götterdämmerung der alten Edda erinnernden Endzeitvisionen von sich erhebenden und brennenden Bergen? Schwer zu sagen. Es war eben so. Das Bedürfnis nach überhöhenden Mythen ist eben größer als die Vernunft.

Lustlos hatte man (= Frau) die Theoriekurse über Marx und Engels absolviert, auch über die Genossinnen, über Rosa Luxemburg und Clara Zetkin, die kommunistische Politikerin und Alterspräsidentin des Reichtages. Aber auch »Rosa« und »Tante Clara« (so ein Song der ersten Frauenschallplatte) können über die Langeweile der Theoriekurse nicht hinwegtrösten. Die Frauen sind nicht motiviert. Die meisten drücken ihr Desinteresse und ihre Ratlosigkeit dadurch aus, daß sie ihre »Schularbeiten nicht machen«, die Kurse schwänzen, die aufgegebenen Bücher nicht lesen. Die einzige Gruppe, die ihren Schulungskurs ohne Schludern und Schwänzen hinter sich gebracht hat, tritt im November 1970 aus dem »Weiberrat« aus und geschlossen in die DKP ein. Da hätte sich Lenin gefreut: Wenn die Theorie die Massen ergreift, wird sie zur materiellen Gewalt. Die halfen dann mit bei der nächsten Wahl, und 0,06 Prozent war ihr verdienter Lohn.

Die anderen bleiben im »Weiberrat«, legen den Namen aber wieder ab, weil die Ironie nicht verstanden wird. Die greifen nun zu verschärfteren Sachen: zu den ersten amerikanischen Frauenbüchern, die jetzt übersetzt in Deutschland herauskommen, die feinsten bei Suhrkamp. Das erste dieser Bücher ist schon 1966 erschienen, aber in der Aufregung der allgemeinen Studentenbewegung nicht richtig beachtet worden: Betty Friedans »Der Weiblichkeitswahn«. Sein amerikanischer Titel ist aufschlußreicher: »The Feminine Mystique«. In Amerika ist das Buch schon 1963 erschienen, und die Autorin hat inzwischen eine erste nationale Frauenorganisation gegründet, die NOW (National Organization of Women), die zunächst die etablierten, von der Universität kommenden Frauen der amerikanischen Mittelklasse anspricht. Später wird sie nach dem Vorbild der Farbigen-Organisation »Black Panthers« umgestaltet, also radikalisiert, und kann 1967, als »Women's Liberation Movement« (Women's Lib) bei den Protesten gegen den Vietnamkrieg erste Erfolge verzeichnen. Den Namen Feminismus gibt es noch nicht.

NOW hatte viele Mitglieder unter den amerikanischen Studentinnen und auch Erfolge: Sie erreichte eine Reihe von Gesetzesänderungen, die die Gleichheit der Frau fördern sollten. Vor allem aber gab NOW den Frauen eine Ahnung von ihrer eigenen Stärke. Bald verlangten die Frauen mehr, als Betty ihnen zu geben bereit war. Nach der milden Betty kamen andere, radikalere. Neue, härtere Töne wurden angeschlagen, auch bei den Kriegsgegnern und den farbigen Bürgerrechtlern. Es war gerade die halblegal operierende Gruppe der Farbigen »Black Panther«, die zum Vorbild der amerikanischen Frauenbewegung wurde. Nicht nur wegen der Radikalität der Methoden und der Unversöhnlichkeit dieser Gruppen. Entscheidend war etwas anderes: die Verkündigung der Separation, des Rassismus.

War es jahrelang um die Emanzipation, um die Gleichberechtigung gegangen, so verkündeten nun die Farbigen (und die Frauen) der USA gegen den Rassismus der Weißen oder den vermeintlichen Geschlechtsdünkel der Männer ihren eigenen Rassismus: die Behauptung, die bisher in Abhängigkeit gehaltene Gruppe sei keinesfalls der schwächere, dümmere, faulere Teil der Menschheit, sondern deren bessere Hälfte: Black is beautiful. Frauen sind besser.

Nigger, jahrhundertelang ein Schimpfwort der weißen Aufseher und Ausbeuter, wurde plötzlich zur selbstbewußten Bezeichnung der eigenen Identität. Weiber nannten sich die aufmuckenden Frauen im SDS. Black power verkündeten die Farbigen unter der geballten Faust, Sisterhood is powerful verkündeten die amerikanischen Frauengruppen und ergänzten das alte Frauensymbol durch eine geballte Faust. Die Bewegung Women's Lib trat fast über Nacht in allen Teilen des riesigen Landes auf, der Spottname »Feministinnen«, der noch in Betty Friedans »Weiblichkeitswahn« nur zweimal genannt wird (und zwar in negativer Bedeutung, wie er dem Wort Blaustrümpfe oder Suffragetten anhaftet), wird bald als Ehrenname durchgesetzt.

Die Bewegung hat sich endgültig von ihren sozialistischen Ursprüngen gelöst. Der neue Gegensatz Mann/ Frau hat den alten Klassengegensatz als angeblichen Antagonismus abgelöst. Nicht länger akzeptiert sie die These von Engels, die Unterdrückung der Frau sei eine Folge des Privateigentums gewesen, sondern sie sieht in den unabschaffbaren biologischen Unterschieden der beiden Geschlechter die Ursache des Antagonismus.

Retortenbabies an die Front

Nicht länger der Besitz an Produktionsmitteln, sondern Penis und Vagina sind jetzt die Punkte, um die es geht. Die Chefideologin der neuen Bewegung, Shulamith Firestone, eine schöne, langhaarige College-Absolventin von gerade fünfundzwanzig Jahren, meint, wenn Marx und Engels gelehrt hätten, man müsse die ökonomischen Verhältnisse ändern, müsse es auch legitim sein, die biologischen Verhältnisse zu ändern. Denn, verdammt noch mal: »Wir sind keine Tiere mehr! Und die Natur ist nicht mehr allmächtig.« Schon im Tierreich beansprucht die Aufzucht des Nachwuchses, besonders bei den Säugetieren, das Weibchen übermäßig. Erst recht beim Menschen. Kinder brauchen noch viel mehr Zeit zum Aufwachsen als die jungen Säugetiere, und so führte der »natürliche reproduktive Unterschied zwischen den Geschlechtern … unmittelbar zur Arbeitsteilung in der Urgesellschaft« und zur »Diskriminierung aufgrund biologischer Merkmale«[16].

Schön, sagt Shulamith, das war also immer so. Dann ändern wir es jetzt mal. Operieren wir diese verdammte Natur einfach aus unserer Gesellschaft heraus. Fortan soll die »feministische Revolution nicht einfach auf die Beseitigung der Privilegien, sondern auf die Geschlechtsunterschiede selbst zielen … Die Reproduktion der Art allein durch ein Geschlecht zugunsten beider Geschlechter würde durch die künstliche Fortpflanzung ersetzt werden.«

Ändere die Natur – sie braucht es! Das meint unsere zornige Prophetin. Das lästige Austragen der Leibesfrucht im Mutterleib und die Stillzeit (eine zufällige Laune der Natur, die erst im letzten Teil der Erdgeschichte auftritt) wird abgeschafft. Die Technik mache es möglich, die einmal erreichte Höhe der menschlichen Zivilisation wäre damit nicht gefährdet. Am besten also nur eine kurze Eiablage wie bei den Echsen, Weiteraufzucht und Pflege in der Retorte. Die Vorteile für die Gesundheit der Frau wären gar nicht auszudenken. Einmal ins Träumen geraten, warum nicht noch einen Schritt weiter gehen? Schließlich ist auch die geschlechtliche Fortpflanzung erdgeschichtlich jung und nur eine Spielart der Reproduktion des Lebens. Warum nicht Weitergabe des Lebens durch Sprossung oder Knospung? Die Wissenschaft könnte der feministischen Revolution brauchbare Lösungen anbieten.

Der geneigte Leser wird denken, ich übertreibe. Ich dachte auch, ich übertreibe, bis ich las, was Ti-Grace Atkinson, auch eine prominente Vordenkerin von »Women's Lib«, schreibt: »Der Geschlechtsverkehr muß einfach aufhören, als die Methode zu gelten, mit der sich die Menschheit erneuert. Diese Veränderungen kommen mit den Forschungen, die auf dem Gebiet der extra-uterinen Empfängnis und Inkubation vorgenommen werden, in den Bereich unserer Möglichkeiten ... Daher müßten jetzt konzentrierte Untersuchungen stattfinden, um diese extra-uterine Methode der pränatalen Entwicklung möglichst zu perfektionieren, damit sie als eine echte Alternativmethode zur Verfügung stehen, um es milde zu sagen.«[17]

Sag es milde, Mathilde. Im Klartext heißt das ziemlich unverblümt: Retortenbabies an die Front! Damit Frau endlich zu sich selbst kommt. Auch Dana Densmore hat für die überkommene Art von Fortpflanzung nur Verachtung übrig: »Bei niederen Tieren ist es üblich, daß die neue Zelle im weiblichen Körper entsteht und dort auch die ersten Stadien ihrer Entwicklung durchmacht, wobei sie die Nahrung gleichfalls aus dem weiblichen Körper bezieht. Auch der weibliche Mensch ist für diese Art Fortpflanzung ausgerüstet. Es gibt jedoch keinen Grund mehr für ihn, diese von der anatomischen Bauweise her vorgesehene Bürde weiterzutragen ... die darin liegt, daß er immer noch jeden neuen Organismus für die ersten neun Monate seines Lebens im eigenen Körper ernährt.«[18]

So weit – aber auch nur bis hierhin – reicht die erste Stufe der feministischen Revolution. Die Unterschiede zwischen Mann und Frau sind biologisch entstanden und können durch die Wissenschaft abgeschafft werden. Unterschiede in der Psyche sind anerzogen. Es gibt keine Wertunterschiede zwischen den Geschlechtern. So weit geht auch die Ziehmutter des Feminismus, Simone de Beauvoir, die bei aller Härte des Kampfes um die volle Gleichberechtigung noch ein Partnerschaftsangebot gelten lassen will: »Damit dieser höchste Sieg errungen wird, ist es nötig, daß Mann und Frau jenseits ihrer natürlichen Differenzierungen rückhaltlos geschwisterlich zueinander finden.«[19]

Kastriert alle Männer!

Jenseits der »Geschwisterlichkeit« beginnt die Welt des anderen Feminismus. Es ist eine makabre Phantasiewelt, geboren aus Trauer und Zorn über die jahrtausendealte Unterdrückung des weiblichen Geschlechts. Aber auch der Zorn über das Unrecht verzerrt ja die Züge. Nicht nur Gesichter ihrer Anhängerinnen sind finster, die Münder oft leicht verkniffen, die Augen blicken vorwurfsvoll. Auch das Gesichtsfeld ist eingeengt. Selektive Wahrnehmung führt zu Verzerrungen der Perspektiven. Eine schwarzweiße Gespensterwelt voller gütiger starker Feen und zotteliger schmutziger Unholde tut sich auf, eine Wahnwelt: »Die ersten Frauen entkommen dem Massaker. Zitternd und schwankend fangen sie an, einander zu finden ... Wir müssen die kulturellen Institutionen untersuchen, in denen sich die biologische Familie reproduziert und verstärkt wird (ganz besonders ihr Bollwerk, die Kernfamilie), wir werden ihre Folgeerscheinungen analysieren ... den agressiven männlichen Chauvinismus, der sich inzwischen so weit entwickelt hat, daß er uns vernichten kann.«[20]

Massaker. Vernichtung. Männer sind mies. Männer sind aggressiv. Sie wollen die Identität der Frauen rauben, sie nötigenfalls »qualvoll und langsam töten«. Sie wollen den besseren Teil der Menschheit vernichten. Man muß ihnen zuvorkommen. »Sisterhood is powerful« gibt da einen (noch dezenten) Hinweis: »Das Sexualleben der Spinnen ist außerordentlich interessant: Er vögelt sie. Sie beißt ihm den Kopf ab.«[21]

Bald werden sie konkreter. Schon 1968 hat Valerie Solanas, eine radikale Einzelgängerin, ihr Manifest der Bewegung SCUM geschrieben, eine Art »Mein Kampf« des radikalen Feminismus, das 1970, ebenfalls in dem Sammelband »Sisterhood is powerful«, erscheint. SCUM, ein selbstironisches Wortspiel mit dem Wort Abschaum, steht für »Society for Cutting up Men« (Gesellschaft zur Kastration der Männer). Im Manifest schreibt Valerie Solanas schlicht und offen, was sie meint: »Das Leben in dieser Gesellschaft ist ein einziger Stumpfsinn, kein Aspekt der Gesellschaft vermag die Frau zu interessieren, daher bleibt den aufgeklärten, verantwortungsbewußten und sensationsgierigen Frauen nichts anderes übrig, als die Regierung zu stürzen, das Geldsystem abzuschaffen, die umfassende Automation einzuführen und das männliche Geschlecht zu vernichten.«[22]

Hitlers Buch »Mein Kampf« wurde bekanntlich nicht ernst genommen – mit den bekannten Folgen für die Menschheit. Ähnlich wie bei dem Flugblatt »burn warehouse burn!« der Kommune 1, das einst prominente Gutachter zu einer gelungenen Satire erklärten (Kapitel 2), so war die neunmalkluge Simone de Beauvoir sogleich bereit, ihrer zur Männervernichtung entschlossenen Schwester zu attestieren: »Es handelt sich dabei nicht um ein wörtlich zu nehmendes Programm, sondern um ein bissiges Pamphlet in Swiftscher Manier, in dem die Auflehnung gegen den Mann bis zum Exzeß vorangetrieben wird.«[23]

Aber Valerie Solanas strafte die Gutachterin Lügen. 1971 streckte sie den Pop-Künstler Andy Warhol, den sie für einen Prototyp des »männlichen Chauvinismus« hielt und mit dem sie möglicherweise irgendeine private Rechnung abzumachen hatte, durch mehrere Schüsse aus einem 9-Millimeter-Trommelrevolver Smith & Wesson nieder. Durch Glück überlebte er den Mordversuch und konnte nach einer komplizierten Operation das Krankenhaus wieder lebend verlassen. Obwohl dieser erste Versuch, den verbalen Holocaust zunächst einmal an einer Symbolfigur zu vollziehen, gescheitert war, verdienen Valerie Solanas' Thesen ernst genommen zu werden. Sind sie doch nur die am weitesten vorgeschobene Position des radikalen Feminismus, auch in Deutschland. Dabei ist es unwesentlich, ob solche Tötungsphantasien so offen ausgesprochen werden wie in Nummer 2/1977 der Berliner Frauenzeitschrift *Die schwarze Botin*, in der es heißt: »Kastration ist nur eine Übergangslösung!«, oder ob sie geschickt als Literatur oder Reportage getarnt werden wie in Alice Schwarzers *Emma*.

SCUM ist nicht der Abschaum, die überhitzte Perversion der feministischen Revolution, sondern seine letzte

Konsequenz. Sein Motiv: Grenzenloser Haß. Seine Methode: Kampf bis aufs Messer (oder Beil). Sein Endziel (oder muß man sagen Endlösung?): eine Welt ohne Männer. Hören wir noch einmal Valerie Solanas, wie das technisch durchzuführen ist: »Heute ist es technisch möglich, sich ohne Hilfe der Männer zu reproduzieren und ausschließlich Frauen zu produzieren. Wir müssen sofort damit beginnen. Der Mann ist eine biologische Katastrophe: Das (männliche) Y-Gen ist ein unvollständiges (weibliches) X-Gen, das heißt, es hat eine unvollständige Chromosomenstruktur. Mit anderen Worten, der Mann ist eine unvollständige Frau, eine wandelnde Fehlgeburt, die schon im Genstadium verkümmert ist.«[24]

Valeries Schwester im Geiste, die Psychoanalytikerin Phyllis Chesler, wird später den »verzweifelten« Frauen vorschlagen, sich an den historischen Ahnen des radikalen Feminismus, den antiken Amazonen, ein Beispiel zu nehmen: »Die Amazonengesellschaft stellt als Mythos, historisches Ereignis und als universaler männlicher Alptraum eine Kultur dar, in der die Frauen aufgrund ihrer geschlechtlichen Identität die Herrschaft ausüben. In der Amazonengesellschaft waren nur die Männer, soweit man ihnen zu bleiben gestattete, in verschiedenem Maße machtlos und unterdrückt.«[25]

Damit wir uns den Amazonenstaat anschaulicher, gewissermaßen sinnlicher vorstellen können, wird in Cheslers Buch noch aus einem frühfeministischen Amazonenbuch der zwanziger Jahre zitiert, das die Wiener Salondame Helen Diner 1925 veröffentlichte und das damals ein Kultbuch in der lesbisch-frauenbewegten Szene war. Es beschreibt die interessanten Bräuche der Amazonenvölker: »Die mildeste Art führt sie in jedem Frühling zu flüchtiger, aus Prinzip wahlloser Vermischung an männliche Nachbarn heran. Weibliche Frucht wird behalten, männliche dem fernen väterlichen Stamm zurückgeschickt. Die schärfere Art schickt nichts zurück, sondern verstümmelt die neugeborenen Knaben, macht sie für später ungefährlich durch Auskugeln einer Hand und einer Hüfte. Als verachtete Sklavenprügel, von keiner Amazone je erotisch berührt, werden sie im Stamm lediglich zum Kinderwarten, Wollespinnen und häuslichem Dienst verwendet. Im extremsten Fall wird meist der Besamer selbst nachträglich getötet, ausnahmslos aber jede männliche Geburt.«[26]

Eine saubere Lösung. Alice Schwarzer lobte damals in einem Vorwort das Buch mit den Worten: »Das in Amerika so fruchtbare Klima von Dringlichkeit und Wut gibt es in der Bundesrepublik noch nicht . . . Darum ist Phyllis Cheslers Streitschrift jetzt ein so wichtiger Text.«[27]

Die modernen Amazonen, wollen sie keinen Geschlechtermord auf sich nehmen wie ihre vorgeschichtlichen Ahnfrauen, müssen jetzt nur noch zwei Probleme lösen: Den Nachwuchs durch medizinische Eingriffe ganz auf Mädchen beschränken (das ist bereits machbar) und diese Kinder ohne die Mithilfe von Männern erzeugen. Bisher mußte das weibliche Ei noch von einer männlichen Samenzelle befruchtet werden. Doch auch hier arbeitet die Wissenschaft bereits an einer Lösung. Wie die Experimente des französischen Biologen Jean Rostand an Seeigeleiern beweisen, bei denen die Eiteilung durch physische Reize, eine Art feinen Nadelstich, oder durch chemische Reizung ausgelöst wird: Parthenogenesis (Jungfernzeugung), bei niederen Lebewesen durchaus kein ungewöhnlicher Vorgang.[28]

Damit würde ein uralter Traum der Menschheit verwirklicht, die Zeugung aus einem Leib, einer Rippe, einem Kopf, einem Samen. Die unbefleckte Empfängnis und die jungfräuliche Geburt. Selbst wenn man, um eine bessere biologische Erbmasse zu erhalten, die Erbanlagen der eigenen Zelle mit den Chromosomen einer fremden Zelle mischen will, braucht man (= Frau) auch dazu keinen Mann! Theoretisch kann die Eizelle der Frau mit jeder anderen Körperzelle verschmolzen werden, zum Beispiel aus dem Körper einer anderen – Frau. Göttin sei Dank!

Sex ohne Männer: Der Mythos vom klitoralen Orgasmus

Zu dieser Schönen Neuen Welt, der Welt ohne Männer, fehlt noch etwas: eine alle (Frauen) glücklich machende, befriedigende Sexualität. Für dieses Problem gab es auch in der amazonischen Vorzeit keine rechte Lösung. Nur eben diese kurzen Orgien zu Beginn des Frühlings, bei der jede mit jedem . . . einmal im Jahr. Heute aber, wo die männerlose oder doch männerreduzierte Fortpflanzung durch Eistich und Retorte, Cloning und extrauterine Schwangerschaft gesichert zu sein scheint, steht das Tor zum vollkommenen Glück offen: der Sex ohne Mann. Von Frau zu Frau solidarisch vollzogen. War das das »neue, unbekannte Land«, wohin die Frauen »schon immer gehen wollten«, wie es in dem Song auf der Frauenplatte hieß?

Folgerichtig mußte jetzt die Entthronung der üblichen Art der Männer und Frauen, Liebe zu machen, verkündet werden, von den richtigen Feministinnen mal vulgär »Schwanzficken«, mal kühl-anatomisch »Penetrieren« genannt (ein von Alice Schwarzer bevorzugtes und in ihrer Zeitschrift propagiertes Unwort). Konnten die Prophetinnen glaubhaft machen, daß diese althergebrachte Weise des Liebesakts keinen Lustgewinn für die Frau bringt, ja nur unangenehm und schmerzhaft ist, stand der Weg offen zu dem »neuen Land« einer männerfreien Sexualität, die von den Frauen besser allein praktiziert werden sollte. Fortan wurde in allen feministischen Blättern, auch in Alice Schwarzers *Emma*, das Hohelied des Kitzlers gesungen.

Auch der alleinseligmachende Klitoris-Orgasmus hat eine Prophetin, und die heißt Anne Koedt. Sie veröffentlichte ihren Aufsatz »Der Mythos vom vaginalen Orgasmus« auch bereits 1970 in dem Sammelband Women's Liberation: »Es gibt nur ein Gebiet, mit dessen Hilfe der sexuelle Höhepunkt erreicht werden kann ... Dieses Gebiet ist das der Klitoris ... Unsere eigene Biologie ist niemals richtig analysiert worden. Statt dessen füttert man uns mit dem Märchen vom Vaginal-Orgasmus, einen Orgasmus, den es in Wirklichkeit überhaupt nicht gibt ...« Nach dieser Einleitung kommt Anna Koedt schnell zur Sache: »Die Männer fürchten, daß sie sexuell entbehrlich werden, wenn die Klitoris statt der Vagina zum Zentrum weiblichen Lustempfindens wird ... Abgesehen von den rein anatomischen Gründen, aus denen sich Frauen andere Frauen als gleichwertige Geliebte suchen könnten, gibt es noch eine zweite Furcht auf Seiten der Männer – daß Frauen nämlich auch auf rein menschlicher Basis die Gesellschaft von Frauen vorziehen könnten. Die Anerkennung des Klitoris-Orgasmus als Tatsache würde die Institution der Heterosexualität bedrohen.«[29]

Zwar ist Anne Koedt klug genug, ihren Leserinnen mitzuteilen, daß auch bei dem verhaßten »Penetrieren« ein Orgasmus entstehen kann, weil »dann die Stimulierung der Klitoris durch den rhythmischen Zug an der dermatösen Vorhaut bewirkt« wird, und auch ihre Mitstreiterin Germaine Greer warnt die Schwestern vor der Reduzierung des ganzen Liebesgeschehens auf einen Punkt.

Doch die Warnungen verhallten ungehört. Der Zug des radikalen Feminismus war längst abgefahren, und die Frauen gingen »dahin, wohin sie immer wollten«: zur Frau. »Frauenbeziehungen bringen echt mehr«, hieß der neue Slogan, und die lesbische Liebe ist die einzig wahre, während die Heterosexualität ein Mittel zur Unterdrükkung und Zerstörung der Frau ist – das System war zu perfekt, um es noch durch Einbrüche aus der Realwelt verunsichern zu lassen. Alle einschlägigen Bücher, Broschüren und Aufsätze sind in einem einzigen Jahr erschienen: 1970. Zusammengenommen bilden sie ein System. Der radikale Feminismus hat sich von der Emanzipationsbewegung abgelöst. Die neue Lebenslüge ist perfekt und breitet sich weiter aus. Dies sind seine Lehren:

Die Geschichte der Menschheit ist eine Geschichte von Geschlechterkämpfen.

In der Urgeschichte der Menschheit herrschten die Frauen. Diese Herrschaft war besser, friedlicher, gerechter. Erst in geschichtlicher Zeit (seit etwa 5000 bis 6000 Jahren) wurde die Herrschaft der »Mütter« durch das Patriarchat abgelöst und die Frauen unterdrückt.

Die Herrschaft der Frauen muß wiederhergestellt werden und für alle Zeit befestigt werden. Dies kann nur mit Gewalt erreicht werden. Vorbild sind die Amazonen, die in der Geschichte noch einmal gewaltsam die Frauenherrschaft zurückeroberten und männlichen Nachwuchs ausschlossen.[30]

Männer sind nicht nur schädlich, sondern eigentlich eine biologische Fehlentwicklung, eine genetische Mißgeburt. Die weitere Entwicklung der menschlichen Zivilisation wird sie überflüssig machen, denn die Fortpflanzung der Menschheit kann durch Parthenogenesis erfolgen.

Für die Lusterfüllung sind ebenfalls keine Männer erforderlich, da der Orgasmus nur durch die Klitoris erzeugt wird, zu dessen Reizung gleichgeschlechtliche Beziehungen besser geeignet sind.

Wenn die wissenschaftlichen Voraussetzungen es ermöglichen, werden durch vorgeburtliche (oder »vorretortliche«) Bestimmung des Geschlechts keine weiteren Männer mehr erzeugt. Damit ist nicht nur die Herrschaft der Männer, sondern auch ihre Existenz beendet.

Für die ersten Veröffentlichungen zu diesem schönen und friedvollen System zeichnet der Verfasser als Herausgeber von *Konkret* verantwortlich. Dann braucht die Bewegung ein eigenes Organ. Alice Schwarzer übernimmt das Kommando. Nach ihrer erfolgreichen, von der französischen Zeitung *Le Monde* kopierten und vom *Stern* bis ins kleinste Dorf verbreiteten Aktion »Ich habe abgetrieben« ist sie aus dem Schatten der Medien herausgetreten, ihr Blatt floriert, ihr Buch »Der kleine Unterschied« wird ein Bestseller, sie selbst von den liberalen Medien zur ständigen Gutachterin und Expertin in Sachen Frauen ernannt. Keine Talkshow ohne Alice.

Der Rand der feministischen Bewegung franst aus. Die Grenzen zum Terrorismus verwischen sich. Zuerst wurden, schon in Alice Schwarzers *Emma*, literarisch die Grenzen zur Gewalttätigkeit überschritten. Mordphantasien und Kastrationsträume geistern durch die Veröffentlichungen der ersten Jahre. Später gibt es auch Kommandoreaktionen gegen Redakteure, Rechtsanwaltsbüros, vermeintliche Vergewaltiger, Sachbeschädigungen, Körperverletzungen, keinen Mord. Doch wenn eine durchgedrehte Ehefrau irgendwo in der Welt ihren gewalttätigen, womöglich ihre Kinder mißbrauchenden Ehemann ermordet oder ihn im Schlaf entmannt, kann *Emma* ihren klammheimlichen Jubel über diese Selbstjustiz nicht zurückhalten. »Die Frauen wehren sich«, sie

»haben sich erhoben«. Doch weiter geht *Emma* nie, weil Alice Schwarzer die Breite der Bewegung (und der Leserschaft) nicht verlassen will.

Den nächsten konsequenten Schritt zur Ausrottung der Männer, zum Femi-Faschismus geht sie nicht mit. Den geht die *Schwarze Botin*, eine literarisch ambitionierte Frauenzeitschrift in West-Berlin. Die Herausgeberinnen heißen Brigitte Classen und Gabriele Goettle. Besonders Gabriele Goettle hat eine tödliche, todesbringende Wut im Bauch. Schon über ihre eigenen Genossinnen, die gemäßigten Feministinnen, meinte sie einmal: »Wenn ich diese dummen, strickenden Weiber, diese blöden Kühe im Frauenzentrum sitzen sehe, könnte ich mit dem Maschinengewehr durchgehen und sie ummähen.«[31]

Mindestens! Ummähen ist den Männern sicher, denn, so sagt die französische Feministin Helène Cixous in einem Interview mit der *Schwarzen Botin*:

»Wenn es eine Geschichte der Frauen gibt, so war das bis heute die Geschichte des Todes einer Frau, ihrer Ermordung. Ich sehe nicht, wie man eine Ermordung wieder ausgleichen kann, wenn nicht durch einen Akt der Gewalt.« Grafiken und Collagen in der *Schwarzen Botin* zeigen deshalb gern scharfe Trennwerkzeuge. Auf dem Titelbild der ersten Ausgabe hantiert eine finstere Richterin mit dem amazonischen Hackebeilchen, der Doppelaxt. Wirklich künstlerisch und sicher durch den Kunstvorbehalt des Grundgesetzes geschützt auch die Collage »Kastration war nur eine Übergangslösung«. Sie zeigt drei Frauen, die einen Mann unter eine Guillotine halten, und eine andere, die den blutenden Kopf des Mannes in der Hand hält. In dem Artikel »Der neue Zuchtstandpunkt« bietet Gabriele Goettle noch eine Lösung für das Problem der Fortpflanzung in einer Welt ohne Männer an: »Mehr als eine Million Frauen benötigen für ihre Fortpflanzung nur einen Mann.« Die Samen würden dann in einer fraueneigenen Samenbank gesammelt und verwaltet werden (Was mit dem Mann geschieht, wenn er »ausgedient« hat wie ein altgewordener Zuchtbulle, können wir nur vermuten).

Noch Zweifel, ob meine Bezeichnung »Femi-Faschismus« angemessen ist? Auch hier wird – und damit schließt sich der Kreis – Ulrike Meinhof verehrt. Doch begeistert sich die *Schwarze Botin* für Ulrike Meinhof nicht, weil »sie früher einiges für die Frauenbewegung getan hat, oder . . . überhaupt irgend etwas getan hat, mit dem wir uns zur Not solidarisieren können«. Faszinierend an Ulrike Meinhof sei vielmehr dies: »Als Anarchistin, die nicht mehr Mutter, Geliebte, Linke usw. war, konnte sie nur noch sich selbst durch ihren grenzenlosen Haß verwirklichen . . .«[32] Und so war auch das erklärt.

Ungefähr ab 1977/78 ist die Bewegung unter Studentinnen, Angehörigen geistiger Berufe und auch bei den gebildeten Hausfrauen der Vorstädte massenhaft geworden, bis hin zur Schickeria und zur Modeindustrie.[33] Auch diese Bewegung tritt nun einen höchst erfolgreichen Marsch durch die Institutionen an, unterstützt von den bereits etablierten und verunsicherten Achtundsechzigern, die in der Frauenfrage nie ganz ihr schlechtes Gewissen losgeworden sind.

Um Alice Schwarzer wird es langsam stiller – und gemütlicher. Die Nachrichten über sie klingen immer skurriler, am Ende putzig. Sie kämpft jetzt für ihre Katzen, die sie nicht so enttäuschen können wie einst die Männer und später wohl auch die Frauen. Weshalb die radikalen Schwestern von gestern sie, die heute mehr im Tierschutz und in Ratespielen des Fernsehens auftritt als an der Frauenfront, auch schon lange als Feindin der Bewegung ausgemacht haben. Wie einst die wildgewordenen Dilettanten *Konkret* überfielen, weil es ihnen nicht mehr radikal genug war, wurde nun die reif und rundlich gewordene Fünfzigerin, die unzählige »Kommandoaktionen« gegen die Männer mit klammheimlicher Freude quittiert hat, Opfer der »rasenden Höllenweiber« und der »Roten Zora«. Die die Redaktionsräume der ohnehin nur noch dahinkümmernden *Emma* im Mai 1994 fachmännisch (fachfraulich) verwüsteten, mit einer Schadensbilanz von einer Viertelmillion Mark. Die Revolution frißt ihre Muttchen.

Längst gibt es jetzt die Neuen Frauen, die die Mode- und Medienindustrie von Zeit zu Zeit zum Partythema und zum Trend erklärt, gut bezahlte Vorzeigefrauen in allen Parteien und Interessengruppen, die mit dem Feminismus eigentlich nur das zu tun haben, daß sie von seinen Errungenschaften profitieren. Deshalb sind sie auch bereit, öffentlich mal eine feministische Binsenweisheit herzusagen oder ihren gutverdienenden Ehemann im Freundeskreis kokett einen Chauvi zu nennen. »Selbstbewußt und schön« nennt die Bilderpresse sie, die jede Frauenquote fröhlich und kraftvoll wahrnehmen und, sehr einverstanden mit dem gleichen Lohn für alle und dem Prinzip, daß bei gleicher Qualifikation aber eine Frau einzustellen sei, die Wandelgänge des Parlaments, die Parteihochhäuser, die Fernsehstudios, die Lektorate der Großverlage und die italienischen Nobelrestaurants mit ihrem fröhlichen Gezwitscher erfüllen.

Ähnlich wie bei den Achtundsechzigern gibt es außer den Gewinnern und Nutznießern auch die Fußkranken des Langen Marsches. Aber gerade die sind es, die den Grundsätzen ihrer lebenslangen Lebenslügen und Illusionen – die durch keinen zerfallenen Ostblock enttäuscht werden können – treu geblieben sind. Es sind die unzähligen kleinen Basisgruppen, die in den Frauenhäusern und Stadtteilstützpunkten, Sozialstationen, bei randständigen, geschlagenen und von ihren Männern vergewaltigten Frauen, Geschiedenen mit zuviel Kindern und zuviel Schulden, Prostituierten und ausgestiegenen Prostituierten (für Geld) nützliche Sozialarbeit machen, nicht ohne auch dort (umsonst) lesbische Missionsarbeit zu leisten und den Satz »Frauenbeziehungen bringen echt mehr!« weiter zu verbreiten. Sie machen sozusagen die Knochenarbeit für die gute Sache, und so sehen viele von ihnen auch aus. Die anderen sind aus dem Leim gegangen, weil sie den Männern was husten wollen von wegen sich deretwegen schlank hungern. So haben sie sich, angeleitet von einer »Emma«-Kampagne »Dick ist schön«, als Übergewichtige geoutet wie Hella von Sinnen und fordern von Zeit zu Zeit von den Kaufhäusern Abschaffung der empörend kleinen Kleidergrößen und mehr schicke Modelle für Dicke.

Die halten die Basis mobil und sorgen für immer neuen Nachschub und dafür, daß die alten Themen vor lauter modischer Anpassung auch von den Neuen Frauen nicht vergessen werden. Abtreibung, Scheidung, Gewalt gegen Frauen, Gewalt gegen Kinder, Mißbrauch von Kindern und Kampf um die Kinder und immer wieder und allem übergeordnet Kampf gegen die Männer, das bleiben ihre Themen, und natürlich die lesbische Liebe, die sich daraus ganz nahtlos, ganz selbstverständlich und zwanglos ergibt, nicht so affig und zickig wie früher mal in den dreißiger oder fünfziger Jahren, wo die Frauen sich in Herrenanzügen als »Flotte Freier« in schummerigen Bars trafen. Das waren die Altlesben, während die neuen, die »Bewegungslesben« eben nur schön normal (lesbisch ist ja normal!), lieb und richtig zärtlich sein wollen, zu jederfrau. Ab und zu wird ein neues Thema unter Mithilfe der inzwischen überall in den Medien etablierten Schwestern für besonders aktuell erklärt, nicht nur, wenn ein »Sommerloch« droht.[34]

Ein solches Sommerloch-Thema ist der sexuelle Mißbrauch von Mädchen in der Familie. Die Verführung kleiner Mädchen durch ihre Väter, Großväter, Onkels und Bekannten. Jenseits aller Lebenserfahrung und bar allen statistischen Materials behaupten die extremen Anklägerinnen schon, jedes vierte Mädchen sei in seiner Familie mißbraucht worden. Dies ist nur möglich, wenn jedes Herumtoben im Schwimmbad, jede Rangelei im Garten, jedes Sitzen auf dem Schoß (!) des Vaters oder Opas, jeder freundschaftliche Klaps des Onkels, ja überhaupt jede Art von Körperkontakt durch eine klösterlich-lüsterne Phantasie oder durch suggestives Nachbohren in den Rebirthing-Kursen nachträglich als sexuelle Belästigung entlarvt und verdammt wird.[35] Die lesbische, radikalfeministisch gegen »die Männer« gerichtete Tendenz dieser Kampagne zeigt sich ganz deutlich dadurch, daß über sexuelle Übergriffe von Frauen, Müttern, Tanten, Großmüttern und Erzieherinnen im Zusammenhang mit dem Thema Mißbrauch von Kindern nie berichtet wird. Fehlendes Zahlenmaterial wird mit einer hohen »Dunkelziffer« (die bei Spekulationen stets zur Hand ist) erklärt, wegen der Scheu der kleinen Mädchen, zur Zeit der Tat oder als Erwachsene darüber zu reden. Aber niemand fragt die kleinen Jungen danach aus, was ihre Mütter, Großmütter und Kindermädchen mit ihnen beim Gutenachtkuß gemacht haben. Radikalfeministisch sind Herkunft und Zielsetzung der fanatischen Schnüffel- und Bezichtigungskampagne, die seit einiger Zeit jedes bessere Lifestyle- und Szeneblatt füllt und nun in den unteren Regionen der Illustriertenpresse und Talkrunden angelangt ist. Die Gesellschaft kapituliert und glaubt blind.

Die gleiche Funktion, auch sie geeignet zum Füllen des

»Sommerlochs«, erfüllt das Thema »Sexuelle Belästigung am Arbeitsplatz«, auch schon eine uralte Klamotte aus *Emmas* Trickkiste. Inquisitionsartige Prüderie fordert überall im Land zur Denunziation auf, schickt ihre Kontrolleure und Spitzel aus. Kann das Familienleben nicht mehr unbefangen vonstatten gehen, so soll auch das Büro nicht mehr Spaß machen: Alles wird unter die Lupe genommen und oft noch nach vielen Jahren hinterfragt. Hat der Kollege mich angelächelt (er hat mich schmierig angegrinst!), der Chef mir nach einem anstrengenden Büroalltag den Arm um die Schulter gelegt, der Mitarbeiter auf einem Betriebsfest erotische Anspielungen gemacht, der Fremde mir auf der Straße nachgeblickt oder sogar – nachgepfiffen? Eine im Süden Europas noch häufiger anzutreffende Angewohnheit besonders von Bau- und Straßenarbeitern, bei der sich jede Südländerin, von sieben oder siebzig, eher geschmeichelt fühlt und oft genug selbstbewußt zurückpfeift. Dort wird ein Drängeln und Berühren in der Straßenbahn, ein aufdringlicher Blick auf der Straße selbst dann noch mit hochmütig-freundlicher Empörung quittiert oder geschmeichelt erwidert, wenn das Objekt erotisch überhaupt nicht interessiert. Nicht so in unseren bereits fest in feministischer Hand befindlichen Nordländern.

War es nicht so, daß am Arbeitsplatz, besonders beim Betriebsfest und Sommerausflug oder Weihnachtsfeier, immer die meisten Kontakte zu dem anderen Geschlecht gepflegt wurden, gern und schneller unter Alkoholeinfluß, bei der »feucht-fröhlichen« Feier? Ist nicht der Arbeitsplatz der Ort, wo die meisten Menschen sich unbefangen kennenlernen können, wo deshalb die meisten Ehen angebahnt werden? Und geschieht es nicht oft, daß etwas ältliche oder nicht ganz so attraktive Büromädchen, angeschäkert durch die bei Betriebsfest und Weihnachtsfeier ausgeschenkten Spirituosen, das gute Essen, die Musik, die ungewohnte Umgebung, ihre sonst nur heimlich angeschwärmten Chefs und männlichen Kollegen, aller Hemmungen ledig, anfallen wie eine Horde Bacchantinnen? Wie manche weibliche Hand da wie zufällig nach dem männlichen Textil greift, gern gesehen oder auch als Belästigung empfunden (Einzellfallentscheidung), das steht nie in den Enthüllungsartikeln über »Belästigung am Arbeitsplatz«. So zeigt sich auch hier, wie beim Reizthema Kindesmißbrauch eindeutig die feministisch-lesbische Tendenz der so ehrbar und prüde daherkommenden Kampagne, die aber nur in eine Richtung prüde ist – nie wird man die anzüglichen Reden und eindeutigen Zärtlichkeiten von Frauen am Arbeitsplatz anprangern. Wetten, daß es auch auf der Betriebsfeier von *Emma* mal lockere Scherze gibt?

In welchen Verkleidungen und Varianten die radikalfeministische Agitation immer daherkommt, der amazonische Bocksfuß Männerhaß und Frauenvormacht kommt immer darunter zum Vorschein.

∗∗∗

Und die Bilanz nach Flut und Ararat? Nach verordnetem Antifaschismus, friedlichen Achtundsechzigern, mörderischen Terroristen, befreiten Menschen und befreiten Drogenräuschen, Langem Marsch und Feminismus? Vier Jahre nach dem Konkurs der großen Utopie des Prinzips Hoffnung? Ach, des Kaisers neue Kleider waren nur für unsere durch zuviel Theorie vernebelten Augen sichtbar. Da war *nichts*. Alles nur kleine Webfehler einer großen Idee? Die Idee war gut, nur die Ausführung schlecht? Der Kern gut? – Ich fürchte nein. Der Kern ist hohl, wie bei den Puppen in der Puppe, wie eine taube Nuß: Die perfekten monokausalen Systeme, die zuerst fehlerfrei sein sollten, später als fehlerhaft kritisiert wurden, Fehler, die jedoch nichts zählen sollten gegen die gewaltige Größe der Sache, Fehler, die man leicht würde korrigieren können, wenn man nur wollte. Doch das System hatte gar keinen Fehler.

Es war der Fehler.

Was aber ist aus der neuen Generation geworden, die diese Leute, trotz aller Bedenken und Ängste, Abtreibungen und Antibabypillen dann doch auf die Welt gebracht haben – ein Vierteljahrhundert danach?

Siebtes Kapitel

Die Generation der Hypochonder

»Schließlich leben wir in einer hypochondrischen Gesellschaft, die ihre Wehwehchen unablässig besprechen muß, jedenfalls solange ihr größeres Leid erspart bleibt und sie nichts Größeres mehr vorhat.« (Botho Strauß)

Neulich telefonierte ich mit einem Bundestagsabgeordneten der SPD, der früher ein stets zu allen Scherzen aufgelegter Party-Löwe war, heute aber eine Kultfigur der Betroffenheitsszene ist. Trotzdem versuchte ich es mit einem harmlosen »Wie geht's?« – »Na, das kannst du dir doch denken,« antwortete er fast beleidigt. Die politische Entwicklung und überhaupt. Alles nicht sehr lustig. Gar nicht lustig. Na schön, dachte ich, der gehört also auch zu den Politikern, die die Wiedervereinigung als narzißtische Kränkung erlebt haben. Aber gleich so den Kopf hängen lassen?

Ein früherer Enthüllungsjournalist, der jetzt nur noch Sozialarbeit (mit Ausländern) macht, erklärte jüngst, es sei fünf Minuten vor zwölf, eigentlich schon fünf Minuten nach zwölf. Ausländerfeindlichkeit, Rassismus, Faschismus, klar? Darauf hingewiesen, daß wir doch, von aller Welt bewundert, in einem ziemlich stabilen Rechtsstaat leben, meinte er nur: Wie lange noch? Das ist ein Argument. Wenn man schon so fragt. Eine frühere Freundin, nach eigener Definition als »Jüdin, Frau und Linke« schnöde benachteiligt (in Wahrheit in allen drei Eigenschaften weit über Gebühr gehätschelt), meinte mit Leichenbittermiene, wenn es so weiterginge mit Deutschland, wandere sie aus. Aus Höflichkeit fragte ich nicht wohin.

Wohin ich in meiner Generation sehe – überall griesgrämige, miesepetrige, sorgenzerfurchte Gesichter, ohne Hoffnung zu Pfingsten und ohne rechte Freude sogar bei den Lichterketten und Stadtteilfesten. Betroffenheit oder Besoffenheit, meistens beides. Lassen wir diese Generation. Setzen wir also die Hoffnung auf die Jungen.

Wenig später traf ich ein paar junge Leute aus der Generation meiner Kinder, mit denen ich seit der Sandkiste befreundet bin. Geht's gut? versuchte ich es auch hier, gewiß, daß aus solchen strahlenden Kinderaugen keine Kassandra-Blicke zucken könnten, zumal bei den meisten auch alles gut zu laufen schien: Studium abgeschlossen, Beruf, Arbeit macht Spaß, Wohnung, Auto, Urlaub in Ordnung, Partnergeschichten? Na ja – mal rauf, mal runter. Aber?

Mir geht es nicht so gut, meinte die eine Schöne, ich bin heute gar nicht so gut drauf, meinte der Freund, ich habe Probleme mit . . . Ich bin ganz schön gestreßt, das ist alles ganz schön streßig, Mann, das streßt . . . Die geht jetzt in eine Selbsthilfegruppe, der macht jetzt einen Selbsterfahrungskurs, die beiden müssen erst mal sehr! viel! aufarbeiten, der muß erst mal viel abarbeiten, wegarbeiten, der macht Reki, die Tai Chi, der kriegt Rebalancing-Massage, die hat kein richtiges Körperbewußtsein, der macht einen Psychodrama-Kurs mit, die ein spirituelles Sehtraining, der macht Tantra, die macht die Bachblüten-Kur, aber das machen eigentlich fast alle, das ist unheimlich gut. Fußreflexzonen-Massage machen alle, Biokost essen sie alle, Naturschuhe tragen alle, Yoga machen alle. Alle meditieren. Die legt jetzt Tarot-Karten, die hat sich für 400 Mark ihr Computerhoroskop machen lassen. Dem und der hat alles nicht geholfen, aber keine Angst, die machen jetzt Rebirthing, oder Sufi-Trance-Meditation, oder Bioenergetik, oder Dipankara, Feldenkrais, schamani-

sches Tantra, Kundalini-Yoga, pränatale, intuitive Fuß-
massage . . .

Halt mal! Das darf doch nicht wahr sein, wollt ihr mich
auf den Arm nehmen oder mir angst machen? Na aber,
beruhigte man mich, was haben Sie denn gegen Fußre-
flexzonenmassage und gegen Rebirthing? Haben Sie da
Probleme? Mir hat das kolossal gutgetan, ich möchte mal
wissen, wie das *ohne* weiter laufen sollte.

War das eine Zufallsauswahl? Sind das nur kleine Min-
derheiten von Studenten, Akademikern in Großstädten?
Ist das vielleicht nur in Berlin so? O nein, es handelt sich
um eine Generation. Die post-achtundsechziger Generation, die von achtundsechziger Lehrern und Hochschullehrern gewaltfrei, angstfrei, repressionsfrei, oft auch
lernstofffrei erzogenen, unheimlich coolen Kids, ohne
schwarzen Mann oder Weihnachtsmann, Struwwelpeter
und Bleisoldaten, teilweise auch ohne Lollis, Gummibär-
chen und Fernsehen, aber alle ohne Konsumzwang aufge-
wachsen: eine Generation von Griesgrämigen, Mißge-
launten – Hypochondern.

Eine Generation, die ständig in Angst lebt. Ständig be-
fürchtet, irgendeine furchtbare Wahrheit nur noch nicht
erkannt zu haben. Trotz strenger Fernseh-, Illustrierten-
und Zeitungsabstinenz vermitteln Mund-zu-Mund-
Propaganda, szeneeigene Medien, Veranstaltungen, Bücher, Broschüren diesen liebenswerten und kerngesunden
jungen Leuten eine fast lückenlose Apokalypse ins Haus,
die sich unaufhaltsam und sich ständig vergrößernd wie
ein Ozonloch über die Erde ausbreitet. Wie ein Leichen-
tuch. Das Ende. Ängste über Ängste. Das geht weiter
über das Einzelwehwehchen hinaus und wird zum kollektiven, apokalyptischen Endzeitgefühl, das Fünf-
Minuten-nach-Zwölf-Gefühl, gegen das ist die Offenba-
rung von Johannes eine miese Schwarzwaldklinik.

Alles tot: Atomtod, Strahlentod, Sevesotod, Klimatod, Kältetod, Hitzetod, Seuchentod. Nahrungsmitteltod (Fleisch = totes Tier, auch Eier: »Tod im Topf«). Volkszählung (= Überwachungsstaat). Nachrüstung (»Nach Rüstung kommt Krieg!«). Energie-Tod. Kohlenkraftwerke (Klimatod), Wasserkraftwerke (Klimakatastrophe), Atomkraftwerke (GAU). Siehe Tschernobyl (die ganze Welt verstrahlt für rund 2000 Jahre). Ungefähr. Ohne Gewähr.

Außerdem: Waldsterben. Walsterben. Robbensterben. Aalsterben. Seehundsterben. Möwensterben. Schildkrötensterben. Krötensterben. Igelsterben. Elefantensterben. Regenwaldsterben. Artenvielfalt: gestorben. Klimaerhitzung (Polkappen schmelzen). Klimaabkühlung (durch Smog, Kraterausbrüche). Neue Eiszeit. Kältekatastrophe. Wärmekatastrophe. Wasserspiegel steigt (zwei Zentimeter bis zum Jahr 2030). Bildung von Hochfluten. Flußüberschwemmungen. Ausbleiben von Flußüberschwemmungen. Flüsse trocknen aus. Wasserspiegel sinkt (Baikalsee). Bildung von Wüsten. Bildung von Gletschern. Schmelzen von Gletschern. Lawinen (Berg schlägt zurück).

Zuwenig Ozon (Ozonloch). Zuviel Ozon (Ozonwerte am Boden).

Falsches Sitzen. Falsche Stühle. Falsche Tische. Falsche Betten. Falsch stehende Betten (Wünschelrute). Falsche Schuhe. Falsche Kleidung. Aber auch Naturstoffe enthalten Gift. Gift befand sich in früheren Zeiten nur im Schminktäschchen von Lucrezia Borgia oder in der Togafalte der spätrömischen Kaiser. Heute aber ist: Gift in der Baumwolle (vom Bearbeiten). Gift in der Wolle (von der Schafhaltung). Gift in der Seide. Gift im Flachs (kein Flachs). Gift im Zaun (Beizmittel). Gift in der Farbe (Lösungsmittel). Gift im Bau (Asbest). Gift im Stall

(Gülle). Gift im Auto. Gift im Abgas. Gift auf dem Fahrrad. Gift ohne Fahrrad. Gift in der Donau, Gift im Rhein, Gift in der Elbe (Oder und Weichsel selten genannt, weil...?). Gift in der Kosmetik. Gift ohne Kosmetik (pH-Werte). Gift in der Luft: Großstadtsmog, Höhensmog, Waldsmog. Neu: Elektrosmog (Autotelefone).

Gift im Meer: Dünnsäure (unsichtbar), Algenblüte (sichtbar), also immer Gift. Gift in der Nahrung. Gift in der Bionahrung. Gift in der Milch. Gift im Kühlschrank. Gift im Wein (nicht im Bier, aber das ist deutsch = doof). Gift im Biowein. Gift im Apfelsaft. Gift im Fruchtsaft. Gift im Kaffee. Gift im Tee (bestrahlt). Gift im Gewürz (bestrahlt). Gift im Fleisch (Hormone), Fleisch *ist* Gift. Fisch ist Gift. Gift im Käse, Gift in der Wurst, Gift im Salat, Gift im Spinat. Gift in der Nudel (Giftnudel). Und so weiter und so fort. Gift im Medikament. Sozusagen Gift im Gift.

So, nun kommen Sie. Würden Sie unter diesen Umständen nicht krank werden und – fünf vor zwölf – etwas dagegen unternehmen? Die ganze Krankheit ist längst vernetzt. Ein – beherzter – Hypochonder braucht auch vor einer Reise nicht zurückschrecken. Er kann überall sofort Hilfe finden. Und Hilfe braucht er ja ganz massiv.

Eine schöne, aber wie sich herausstellte, sehr! anstrengende Kollegin aus Wien, die mich eines Tages in Hamburg besuchte, fragte mich schon am ersten Tag ganz beiläufig, wo man denn hier Fußreflexzonen-Massage bekomme und wo die nächste ZEN-Gruppe sei. Ich wußte es nicht. Macht nichts, sagte sie, das haben wir gleich, wir brauchen bloß einen Bioladen. Natürlich fand sich in unserem schönen Blankenese sofort ein Naturkost-Geschäft (dort gab es gerade Getreidemühlen aus Indien und echte Spinnräder aus Polen (!) im Sonderangebot), und dort waren alle einschlägigen Adressen angeschlagen:

schon wußten wir, wo es in Hamburg indische Vollwert-Plätzchen und Zimtbällchen gibt, die man als Zwischen-mahlzeit vor dem Hirsebrei und den Tofu-Würfeln essen kann.

Denn der Hypochonder ist zwar krank, aber noch nicht tot, er kämpft mit List und Einfallsreichtum ums Überleben in einer Welt zwischen zuviel Ozon (unten) und zuwenig Ozon (oben), zwischen zuviel Wasser im Rhein und zuwenig Wasser in der Sahel-Zone. Der kranke Mann stirbt, und der Hypochonder ficht. Weitaus gestreßter als Don Quichotte kämpft er im rasenden Rundumschlag gegen die Krankheiten und Gifte. Zum Gegenangriff gegen die Total-Apokalypse steht ihm glücklicherweise eine ganze Armee gutausgebildeter und ausgerüsteter »Heiler«, ja eine ganze blühende Industrie zur Verfügung.

Und dieses sind die Gegenmittel (beim Essen): keine toten Tiere essen (Austern?). »Vollwertkost«, also keine »toten« Nahrungsmittel (gebleichtes Mehl, weißer Zuk-ker), von den Getreidearten am besten Dinkel, eine ver-gessene, weil im Anbau unproduktive Getreideart, ferner: bei Vollmond/Neumond gepflanztes Gemüse, das ohne Schädlingsbekämpfungsmittel gezogen wurde (für Gar-tenhypochonder: die Schädlinge im Strohtrichter fangen, wieder laufen lassen – Artenvielfalt). Ebenso funktioniert auch die alternative Mausefalle (in jedem Bioladen erhält-lich): Mäuse bleiben unbeschädigt, gleich wieder freilas-sen. Unbehandeltes Gemüse und Obst erkennt man daran, daß es schrumpelig und wurmstichig ist, Kohl und Salate können gerne angefault sein, sie bleiben biodyna-misch.

Alle Milchprodukte müssen »linksdrehende« Milch-säure enthalten. Die wenige Nahrung, die man noch ohne Ängste essen kann, nur dünsten (Spezialtopf, im Natur-

kostladen), noch besser roh, salzarm, fettarm, kalorien-
arm. Alles schmeckt scheußlich. Deshalb empfiehlt es
sich, sich gegenseitig pausenlos zu versichern: lecker!
Noch besser ist nur noch: überhaupt nicht essen (Heilfa-
sten).

Nun kommen wir zu den Genußmitteln, und da erhebt
sich zunächst die Frage, warum überhaupt Genuß, bei
dem Elend in der Dritten Welt? Dieses Problem läßt sich
aber lösen. Soll es also unbedingt Kaffee sein, dann nur
»Nica«-Kaffee aus dem Dritte-Welt-Laden, aufzubrühen
im altertümlichen Setzverfahren (Vorsicht: Cholesterin).
Besser ist ohnehin Tee, natürlich »Natur Darjeeling aus
pestizidfreiem Anbau« (fair bezahlte Arbeitsplätze schaffen Erosionsschutz im krisengeschüttelten Nordindien!).
Etwas neues in der Szene ist Guarana, coffeinhaltig und
indianisch (= gut), als Pulver in jedem Körnerladen, auch
schon als Büchsen-Getränk. Lecker!

Rauchen? Gift. Besser nimmt der Hypochonder den
von den Behörden (= doof) verfemten (= also guten)
Haschisch aus eigenem biologischem Anbau. Wenn es
schon Alkohol (deutsch = doof) sein soll, dann Biowein
(allerdings Vorsicht, der kommt meist aus Mittelmeerlän-
dern, wo die »Biobauern« sich oft einen Jux mit den deutschen Hypochondern machen, indem sie einfach Nor-
malwein in die Fässer füllen, den man ja nicht vom
Biowein unterscheiden kann. Sollte man aber nicht er-
wähnen – ausländerfeindlich!).

Trotz Beachtung aller Regeln, was leicht zu einem
Ganztagsjob ausarten kann, fühlt sich der Hypochonder
meist krank. Da trifft es sich gut, daß in allen deutschen
Großstädten Therapiegruppen, Inspirierte und »Heiler«
wie Pilze aus dem Boden geschossen sind, darunter auch
die ach so seltenen »Geistheiler«. Inder, Perser, Chinesen,
Indios und Afrikaner. Deutsche gehen auch, muß aber

nicht sein. Allein in einer Stadt wie Berlin bieten in den Szenezeitungen allwöchentlich mehrere hundert Institute, Gruppen und Einzelpersonen mit Werbekosten zwischen 16 000 und 20 000 Mark ihre Dienste an, von denen wir eingangs nur ein paar der Wichtigsten nennen konnten. Den Umsatz aller dieser Dienste kann man ahnen. Vom Kopf bis zum Zeh wird alles befummelt, analysiert, massiert, mit der Hand, mit dem Mund, mit Akupunktur, mit Akupressur, mit Augendiagnostik, mit Hypnose, mit Elektrowellen, mit Psiwellen, mit Reki, mit Yoga, mit Tantra, mit Schröpfköpfen, Blutegeln, Eigenblut. Mit Eigenurin, dreimal täglich. Lecker!

Wenn alles nichts hilft, weil man trotzdem nicht so gut drauf ist, was fast immer der Fall ist, kann man sicher sein, daß das Problem tiefer liegt (was auch fast immer der Fall ist), dann kommt – na was wohl? Ayahnasca, die Stimme des Amazonas, das schamanische Ritual der Inkas. Das ist der letzte Schrei (ohne Gewähr). Das gleiche gilt für »Speichel ziehen nach Professor Orlowski« (Orlowski lebt jetzt auf Sylt).

Apropos Sylt. Auch der Hypochonder braucht Urlaub, gerade er. Natürlich ist es am besten, zu den Ursprüngen der Heiler zu fahren, zu den Indern nach Ashram oder zu den Indios in die Anden. Wem das aber nicht möglich ist, der findet in der Toskana[36] und auf Sylt bereits eine komplette Heil-Szene vor, mit allem, was der eingebildete Kranke braucht. Am besten, man bleibt gleich etwas länger, damit man das ganze Jahr über meditieren kann. Dabei hilft ein Krankensemester (mit Bafög), ein Freisemester (Bafög), bei Lehrern beliebt ist ein Bildungsjahr (bei reduziertem Gehalt). Bis vor kurzem gab es auch noch Bildungsurlaub und ein Umschulungsjahr für Arbeitslose, die sich dann zum Reflexzonenmasseur oder Heiler ausbilden lassen konnten. Da schließt sich der Kreis.

So kann man das ganze Jahr über die betroffen wie Bednarz blickenden Hypochonder-Familien über die Insel ziehen sehen, mißtrauisch das Meer auf Algen und Ölrückstände prüfend und das Watt nach verölten, am liebsten toten Möwen oder Robben absuchend. In ihren verfilzten und verwaschenen Naturpullovern und Rökken, die von einem totalen Verzicht auf phosphathaltige Waschmittel, ja auf Waschmittel überhaupt zeugen, versuchen sie ihre Kinder davon abzuhalten, im Wasser zu planschen (oder gar zu baden!) oder sich der (Ozon-) Sonne auszusetzen. Anstelle solcher deutscher (= doofer) Urlaubsfreuden verabredet man ein Treffen mit Sylter Naturschützern, die gerade einen Frosch-Wanderweg über eine Autostraße bauen oder einen Lichtbildervortrag über brütende Seevögel organisieren, denn: selber sehen, etwa auf einem Wattspaziergang, darf man die Brutvögel nicht, weil sie sich sonst erschrecken. Man darf auch nicht einfach mit seinen Kindern durch die Kliffwiesen von Morsum oder durch die Heide laufen, weil man dort die Artenvielfalt zertrampelt. Aber den Himmel, den unbeschreiblich riesigen, vielfarbigen Himmel über Sylt, den darf man noch betrachten. Mit sehr! ernster! Miene natürlich, darüber ist ja das Ozonloch.

Und es fällt auf, daß alle die pausenlos durch die Therapien und Psycho-Gruppen linksdrehenden, pH-neutralen, vollwertkosternährten Jungen und Mädchen nicht nur ständig diese mißmutigen, beleidigten Gesichter ziehen, sondern auch tatsächlich schlecht aussehen: Sie sind wirklich nicht gut drauf. Biodynamische Schlabberkleider aus Indien oder selbstgestrickte Wollungetüme von meditierenden Peruanerinnen machen die jungen Leute nicht hübscher.

Nur nehmen sie das selber nicht mehr wahr, weil sie sich praktisch ständig unter ihresgleichen bewegen, keinerlei bürgerliche Zeitschriften lesen, Warenhäuser besuchen oder »Glotze« sehen. Durch diese Enthaltsamkeit gehen ihnen allerdings auch die von immer mehr Filmemachern gedrehten alternativen Mißmutsstreifen verloren, in denen sich die Darsteller und Zuschauer am Ende des Films eigentlich nur noch aufhängen können. Solche Filme erreichen ihre Zielgruppe fast nie.

Diese Generation hat keine materiellen Sorgen. Sie lebt in der üppigsten, selbst für Randgruppen abgepolsterten Wohlstandsgesellschaft, die es je in unserer Geschichte gab und die turmhoch über dem Lebensstandard der großen Masse der Erdbevölkerung liegt. Sie wird bis zum Ende dieses Apokalypse-Jahrhunderts die unvorstellbare Summe von 2000 Milliarden Mark von den Erbauern des Wirtschaftswunders, ihrer Großväter- und Väter-Generation erben. Eine Summe, über die sie frei verfügen kann. Sie kann dieses Geld zur Unterstützung von Greenpeace und zum Bau von Brunnen in der Sahelzone ausgeben, aber sie wird sich mehrheitlich für einen alternativen Bauernhof auf Sylt oder die Mühle in der Toskana entscheiden, wo sie noch mehr als bisher die Sylter Rote Grütze nach Uromas Rezept mit Fruchtzucker gesüßt, die unverwechselbar gute Pasta, die urigen, wenn auch kaum noch auffindbaren toskanischen Bauern, aber auch das Meditieren, das kreative Töpfern, das spirituelle Batiken mit Naturfarben, das inspirierte Malen und das Singen zur indischen Harfe kultivieren wird.

Tatsächlich gab es, zu allen Zeiten, Naturkatastrophen. An manchen war der Mensch schuld, an den meisten übrigens nicht. Immer schon schlug der Berg zurück, und der Blanke Hans überflutete mehr als ein Vineta.

Vulkanausbrüche gigantischen Ausmaßes verdunkelten die Erdatmosphäre für Jahre, mit verheerenden Folgen. Der Mensch, seit dem Beginn von Ackerbau und

Viehzucht, greift durch Brandrodungen massiv in den Kohlensäurehaushalt ein. Tatsächlich wurden viele gravierende Fehler beim Aufbau und Ausbau der industriellen Welt gemacht. Aber gleich groß ist die Anzahl der Forscher, die sich bemühen, die Fehler zu korrigieren, und eine sensible, hellwache Öffentlichkeit ist um den Schutz der Umwelt besorgt und leitet Gegenmaßnahmen ein.

Ein Land ist dabei führend in der ganzen Welt: Deutschland. Doch das darf eigentlich nicht sein, weil es nicht sein darf nach der Theorie der Nationalmasochisten. Deshalb ist eine Erklärung und Relativierung bald zur Hand: Die haben ein schlechtes Gewissen, die da oben. Soll sich der eingebildete Kranke auch damit noch beschäftigen, bei all dem Streß? Womöglich für! diese! Regierung eintreten?

Die wirkliche Krankheit dieser Generation intellektueller großstädtischer Hypochonder hat Ursachen. Geführt und angeleitet von ihren achtundsechziger Eltern, Lehrern und Hochschullehrern, hat sie sich stets für die falsche Sache engagiert und mußte notwendig das Scheitern aller Bewegungen erleben, an denen sie sich beteiligte. Wer erinnert sich heute noch an die machtlosen Aktionen gegen die Volkszählung, die »Berufsverbote« und die Atomkraftwerke? Ihre traumatische Niederlage aber erlebte die Generation gerade auf dem glanzvollen Höhepunkt ihres Engagements: der Demonstration der 500 000 gegen die von Helmut Schmidt entworfene Nachrüstung. Zähneknirschend mußte eine ganze Generation miterleben, daß sie nur einem letzten, verzweifelten Winkelzug des maroden Breschnew-Regimes als Hilfstruppe gedient hatte, ja, daß es eben diese Nachrüstung war, die wenig später zum Abtransport aller Raketen aus Europa, langfristig aber zum Zusammenbruch des ganzen kommunistischen Zwangssystems führte. »We shall overcome one day!« Wie billig wurden diese jungen, begeisterungsfähigen Menschen mißbraucht von den Liedermachern, die ihnen zynisch den Sieg nach etwa einer Million Jahren (ohne Gewähr) verhießen: »Wir werden wie das Wasser sein/Das weiche Wasser zwingt den Stein«. Wie da die Stasi- Offiziere lachten! So empfanden sicher nicht nur Grass, Gaus oder Bahr die Wiedervereinigung als narzißtische Kränkung, sondern auch die Generation, die für Breschnews Konzept in den Bonner Hofgarten gezogen war. Die Umkehrung der Aggression gegen sich selbst, die Flucht in die eingebildete Krankheit, war zu erwarten.

Die große Desinformation

Als zeitweiliger Mitgestalter, später Opfer und heute immer noch nicht gleichgültiger Beobachter des Zeitgeschehens sah sich der Verfasser zeit seines (bewußten) Lebens im Nachkriegsdeutschland mit einer verhängnisvollen Einseitigkeit, vielleicht sollte man besser sagen: Unwahrheit konfrontiert, einer dauernden Verfälschung oder verfälschenden Interpretation der Tatsachen über Kultur, Politik und Gesellschaft, die ich mit einem Ausdruck aus der Sprache der Geheimdienste eine einzige große, zusammenhängende Desinformation nennen möchte. Diese früher von den Stalinisten der DDR und ihren Nachfolgern sowohl in der Bundesrepublik als auch in der DDR intensiv verbreitete Desinformation, die in ihrem Kern auf die Agitationsformeln der alten KPD (vor 1933) zurückgeht, aber bis zur achtundsechziger Bewegung mit sehr geringem Erfolg arbeitete, besteht in einer unerträglichen Verharmlosung äußerst gefährlicher Tatbestände und Tendenzen und – gleichzeitig – in einem oft grotesken Aufbauschen anderer Tendenzen und Tatbestände.

Nicht einmal sehr vereinfacht hieß schon 1932 die Formel: Staatsgewalt, Polizei, Justiz, sogar Schule und Universität, teilweise auch das Elternhaus sind reaktionär, autoritär, schließlich faschistisch. Die unhistorische Anwendung des Faschismusbegriffs auf im Grunde alle politischen Gegner ist keine genuin achtundsechziger Methode, sondern wurde in den dreißiger Jahren geprägt. »Antifaschismus« war nie ein wissenschaftlich klar umrissener Begriff, sondern mehr eine ethisch-moralische Forderung oder vorausgesetzter Konsens, und als solcher gehört er dann nach 1945 zu jenen von den Siegermächten im Zuge der »Reeducation« in Deutschland eingeführten und zum Teil weiterentwickelten »volkspädagogischen« Tabuzonen, die auch für die Geschichtswissenschaft Geltung haben sollten.[37] Ein »antifaschistischer Konsens« vereinte 1945 alle politischen Kräfte im Nachkriegsdeutschland einschließlich der Kommunisten und stellt heute die einzige Klammer dar, die es zwischen überzeugten Demokraten und Anhängern des untergegangenen kommunistischen Weltsystems zu geben scheint. So befindet sich die SED-PDS allein beim »Antifaschismus« anscheinend in einem Konsens mit allen Parteien und Medien.

Dies ist aber nur möglich, weil es heute sozusagen mehrere Arten von Antifaschismus gibt, Antifaschismus für jeden Geschmack. Nicht jene plumpe Machart, für die die Schlägerkolonnen der Autonomen ihre Benzinbomben und Steine werfen, ihre Baseballschläger und Schlagringe schwingen. Eine Variante des »Antifaschismus«, die unsere linksliberalen Medienmacher bevorzugen, wurde nach 1967 von den Jüngern der »Frankfurter Schule« propagiert. In Anspielung auf die »Kritische Theorie« nennen wir sie versuchsweise den »Kritischen Antifaschismus«[38]. Hier haben wir es nicht mit der orthodoxen sowjetkommunistischen Parteilichkeit zu tun, sondern mit einem Engagement, das die direkte Parteinahme für die kommunistische Seite meidet und sich ausschließlich negativ als »gegen den Faschismus« gerichtet, eben als »antifaschistisch« definiert.

Insgesamt galt den orthodoxen wie den neo-utopischen Lehrern der Kapitalismus als das Alte, Absterbende, das manchmal auch das »Verfaulende« genannt wurde. Man beachte den im Grunde darwinistischen, rassistischen Sprachgebrauch! Eine Welt, die negativ zu bewerten ist und bekämpft werden muß, auch mit Gewalt.

Dagegen stand (und steht) das Neue, die Arbeiterbewegung und ihre Vordenker, die von einer besseren Welt, einem neuen Menschen träumen (Auch hier haben wir wieder die biologisch gesündere! Schöne Neue Welt).

Das Sowjetimperium und seine Satelliten sind untergegangen, aber die Utopien werden bleiben, die Sehnsucht der Menschen nach dem Neuen Reich, der besseren Welt, dem Neuen Menschen wird sich immer wieder artikulieren, solange es Menschen gibt. Und immer werden diese Utopien den einzelnen und seine Freiheit bedrohen. Schon zwei Jahre nach dem glücklichen und ruhmlosen Ende des »antifaschistischen Schutzwalls«, nachdem wir uns heute schwertun, den Schrott von vierzig Jahren Sozialismus wegzuräumen und die viel schwerer wiegenden Beschädigungen der Menschenwürde zu lindern, bereiteten Leute, die ich kenne, schon wieder Kongresse und Meetings vor, in denen über die Zukunft des Sozialismus gesprochen wird. Die über siebzig Jahre leninistisch-stalinistischer Untaten sind für sie nur eine »bürokratische Entstellung« der guten Idee. Als wenn es ausgerechnet das wäre, die harmlos-dümmliche Unfähigkeit der Gogolschen Aparatschiks! Aber den richtigen, echten Sozialismus, den Kommunismus, von dem man durch Biermanns Oma Meume weiß, daß nur der liebe Gott ihn siegen lassen kann, den wollen sie langsam, aber sicher wieder aufbauen. Weiß Gott, der Schoß ist fruchtbar noch, aus dem das kroch.

Anmerkungen

1 Kommune 2, Versuch der Revolution des bürgerlichen Individuums, Berlin 1969, S. 92 (Zu den Mitgliedern der Kommune 2 gehörte übrigens das RAF-Mitglied Jan Carl Raspe, der zusammen mit Andreas Baader und Gudrun Ensslin Selbstmord beging).

2 Noch die radikalste Äußerung war eine Drohung, den Studenten Geld zu entziehen: »Laß Bauarbeiter ruhig schaffen – kein Geld für langhaarige Affen.« Sie entstammte einem Leserbrief an die BZ.

3 Klaus Rainer Röhl, Fünf Finger sind keine Faust, Köln 1974, S. 247.

4 Die Ausstrahlung dieses Fernsehspiels wurde nach dem Abtauchen Ulrike Meinhofs in die Illegalität vom Intendanten des Südwestfunks untersagt. 24 Jahre blieb das Stück ungesendet. Am 24. Mai 1994, exakt 24 Jahre nach dem ursprünglich vorgesehenen Sendetermin, wurde »Bambule« vom Südwestfunk ausgestrahlt, zusammen mit einer Diskussion, an der auch der Verfasser teilnahm.

5 Sohn des NS-Schriftstellers Will Vesper, Frankfurter Anarchist, der sich auch erfolglos als Schriftsteller versuchte. Zeitweise Verlobter von Gudrun Ensslin und Vater ihres Kindes.

6 Stefan Aust, Der Baader-Meinhof-Komplex, Hamburg 1985, S. 216 führt ein anonymes, parodistisches Gedicht an, das in einer Plastiktüte gefunden wurde. Diese Zeilen könnten die Antwort sein, sind aber stilistisch viel zu plump, um von Ulrike Meinhof zu stammen.

7 Ebenda, S. 283 ff.

8 Ebenda, S. 377 f.

9 Ebenda, S. 375.

10 Nach dem Erscheinen einer Rezension über Austs Buch in der *Zeit* wies der Verfasser in einem ganzseitigen Leserbrief in der *Zeit* seinem ehemaligen Schüler sieben gravierende Fehler nach. So hatte Aust das Schlagwort der KPD von 1931 »Schlagt die Faschisten, wo ihr sie trefft« (siehe Kapitel drei), von dem jeder Oberschüler lernt, daß es von dem kommunistischen Spitzenfunktionär und Chefredakteur der »Roten Fahne« Heinz Neumann (wieder-)eingeführt worden war, dem Schriftsteller Kurt Tucholsky zugeschoben, der sich mit dem Vers »Küßt die Faschisten, wo ihr sie trefft« über die Sozialdemokraten lustig machte.

11 Herbert Marcuse, Rebellion gegen die Gesellschaft im Überfluß, in: Hans von Dollinger (Hrsg.), Rebellion gegen den Staat? Die außerparlamentarische Opposition – die neue Linke, München, 1968, S. 90 ff.

12 Herbert Marcuse, Marxismus und Feminismus, in: Jahrbuch Politik 6, S. 86.

13 Ebenda, S. 89.
14 Johann Jakob Bachofen, Das Mutterrecht (1861), Neudruck Frankfurt/M 1975, S. 26 f.
15 Schneewittchen, Frauenschallplatte, Verlag Frauenoffensive, München 1973.
16 Shulamith Firestone, The Dialectic of Sex, New York 1970, deutsch: Frauenbefreiung und sexuelle Revolution, Frankfurt/M. 1975, S. 10.
17 Ti-Grace Atkinson, The Institution of Sexual Intercourse, New York 1970, S. 45.
18 Dana Densmore in der Szenezeitung *No more fun and games.*
19 Simone de Beauvoir, Das andere Geschlecht, Reinbek 1968, S. 680.
20 Shulamith Firestone (Anm. 16), S. 9 f.
21 Verbales Karate (anonym), in: »Sisterhood is powerful«, New York 1970, S. 558.
22 Valerie Solanas, Scum. Manifest zur Vernichtung der Männer. Darmstadt 1969, S. 25
23 Simone de Beauvoir, Alles in allem, Reinbek 1974.
24 Valerie Solanas (Anm. 22), S. 25.
25 Phyllis Chesler, Frauen, das verrückte Geschlecht, Reinbek 1974, S. 273.
26 Sir Galahad (Pseudonym von Helen Diner), Mütter und Amazonen, Wien 1925, Reprint Berlin 1975, S. 296.
27 Phyllis Chesler (Anm. 25), S. XI.
28 David M. Rorvik und Landrum B. Shettles, Your babys sex: Now you can chose, New York 1971, S. 83 ff.
29 Anne Koedt, The Myth of the Vaginal Orgasm, in »Women's Liberation«, New York 1970, S. 37 f.
30 Zu diesem Thema vgl. Klaus Rainer Röhl, Der Aufstand der Amazonen, Düsseldorf 1983.
31 *Die Schwarze Botin*, 2/1977.
32 Ebenda.
33 Vgl. Klaus Rainer Röhl, Lustobjekt. Ein kleiner Irrtum und seine fatalen Folgen, Wien 1980, das erste konsequent antifeministische Buch in Deutschland.
34 Die Tendenz bei den Illustriertenkäufern, im Mai und im Hochsommer lieber spazierenzugehen als sich den neuen *Stern* zu kaufen, wodurch ein gefährlicher Auflagenverlust eintreten kann. Gesteuert durch die meist die Sexualität behandelnden »Sommerloch-Themen«.
35 Vgl. hierzu den Leitartikel »Körperkontakt« von Eckard Fuhr in der *Frankfurter Allgemeinen Zeitung* vom 17. September 1993.
36 Vgl. die Kleinanzeigen in der Wochenendausgabe der *Tageszeitung* (»Wiese«) über Urlaubszeit, eine unerschöpfliche Lachnummer.

37 Erst 45 Jahre nach Kriegsende, im Jahre 1990, wurden die »volkspädagogischen« Tabus in dem Buch »Die Schatten der Vergangenheit« beim Namen genannt und kritisch zur Diskussion gestellt:
Uwe Backes, Eckhard Jesse, Rainer Zitelmann, Die Schatten der
Vergangenheit, Impulse zur Historisierung des Nationalsozialis-
mus, Frankfurt/M, Berlin 1990, S. 11 ff. speziell zum »Antifaschismus« S. 568 ff.

38 Vgl. Klaus Rainer Röhl, Morgenthau-Plan und Antifa, in: Heimo
Schwilk, Ulrich Schacht (Hrsg.), Die selbstbewußte Nation. ›Anschwellender Bocksgesang‹ und weitere Beiträge zu einer deutschen Debatte, Berlin 1994.

Manfred Wilke/
Hans-Hermann Hertle

Das Genossen-Kartell

Die SED und die IG Druck und Papier/IG Medien

Ullstein Buch 36603, DM 29,90

»Der Report wagt sich an ein heikles Thema. Schon dies ist ein Verdienst.«

Stuttgarter Zeitung

Holger Lösch

Bad Kleinen

Ein Medienskandal und seine Folgen

Ullstein Buch 36636, DM 24,90

»Lösch hat recht, wenn er hervorhebt, daß in Sachen Bad Kleinen die publizistische Auseinandersetzung mit der RAF eine neue Qualität erreicht hat. Das Wort ›Skandal‹ wird allzuoft gebraucht, hier ist es am Platz.«

Frankfurter Allgemeine Zeitung

Hans-Helmuth Knütter
Die Faschismus-Keule
Das letzte Aufgebot
der deutschen Linken
Ullstein Report 36618, DM 19,90

»Antifaschismus als trojanisches Pferd – unsere verantwortlichen Politiker sind blind gegenüber der linken Gefahr – oder auch zu feige, die Wahrheit auszusprechen.«

Zeitbühne

Friedrich W. Schlomann
Die Maulwürfe
Die Stasi-Helfer im Westen
sind immer noch unter uns
Ullstein Taschenbuch 33176, DM 19,90

Das Buch zeigt die ganze Dimension noch aktiver Stasi-Netze und Einzelagenten. Dabei wird erstmals ein neues Tabu berührt: die weiterhin rege Tätigkeit ehemaliger sowjetischer Dienste in Deutschland.

Uwe Backes/
Eckhard Jesse
Politischer Extremismus in der Bundesrepublik Deutschland

Propyläen Buch 5155

»Der Verlag wirbt für das Buch mit der Bezeichnung ›Das Standardwerk‹, hier ist sie wirklich angemessen.«

Armin Pfahl-Traughber
Deutschland-Archiv

Klaus Hornung
Das totalitäre Zeitalter
Bilanz des 20. Jahrhunderts

Propyläen Buch 5327

»Wer einen Gesamtüberblick der politischen Entwicklung dieses Jahrhunderts haben möchte, sollte Klaus Hornung ›Das totalitäre Zeitalter‹ lesen.«

Hamburger Abendblatt

Günter Rohrmoser

Der Ernstfall

Die Krise unserer liberalen Republik

Ullstein Buch 7065

Deutschland befindet sich in einer tiefen geistigen und politischen Krise. Um ein Auseinanderfallen der Gesellschaft zu verhindern, bedarf es einer konservativen Erneuerung, die allein die für einen modernen Staat unverzichtbaren liberalen Prinzipien bewahren kann.

**Heimo Schwilk/
Ulrich Schacht (Hrsg.)**

Die selbstbewußte Nation

»Anschwellender Bocksgesang« und weitere Beiträge zu einer deutschen Debatte

Ullstein Buch 7067

Nach dem Scheitern linker Utopien und angesichts der Krise des liberalen Rechtsstaates suchen Intellektuelle in Deutschland nach neuer Orientierung. Ein wichtiger Markstein dabei war der Spiegel-Essay von Botho Strauß »Anschwellender Bocksgesang«, auf den SPD-Vordenker Peter Glotz mit der Beschwörung reagierte: »Leute, es wird ernst!«